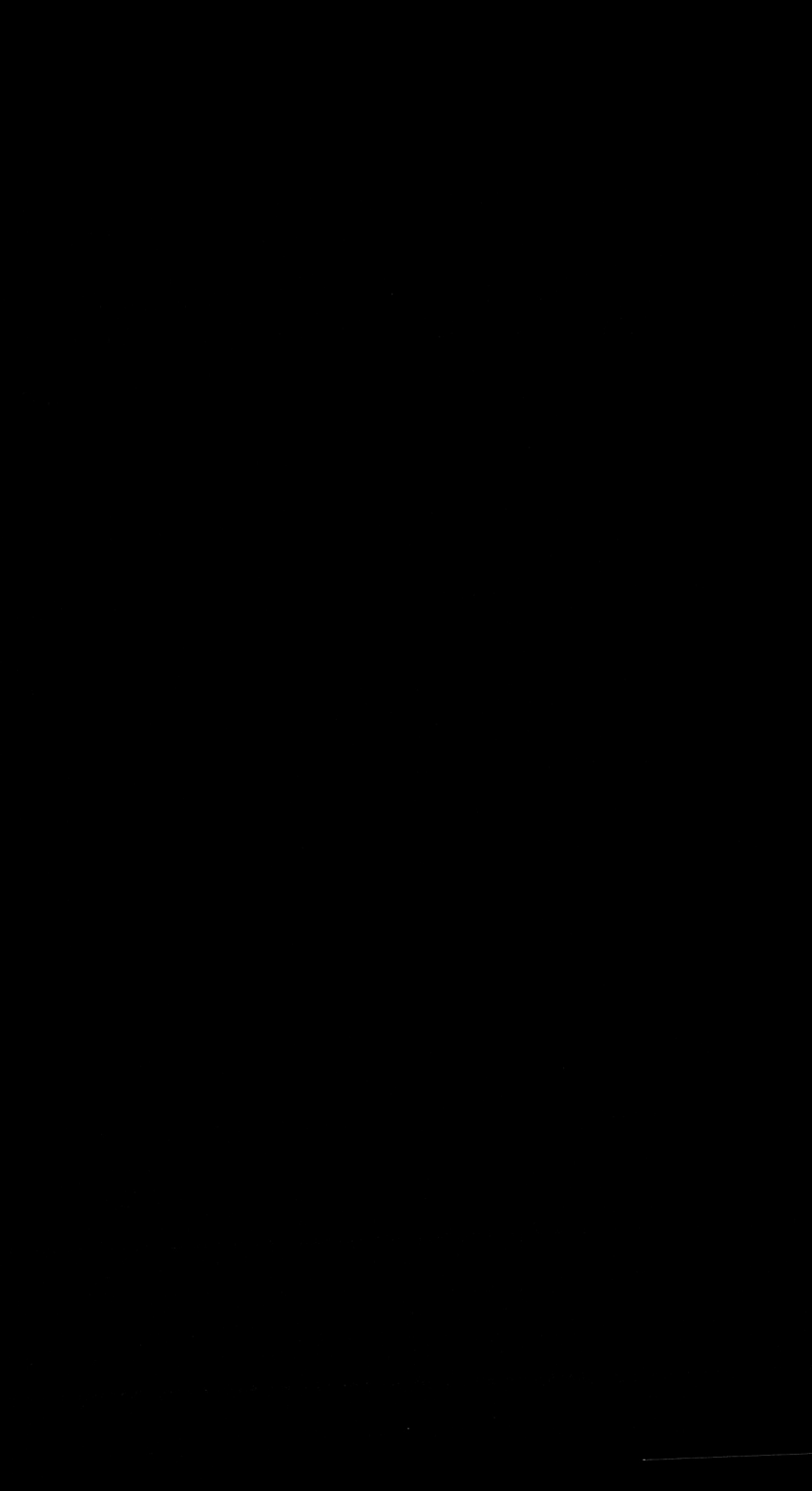

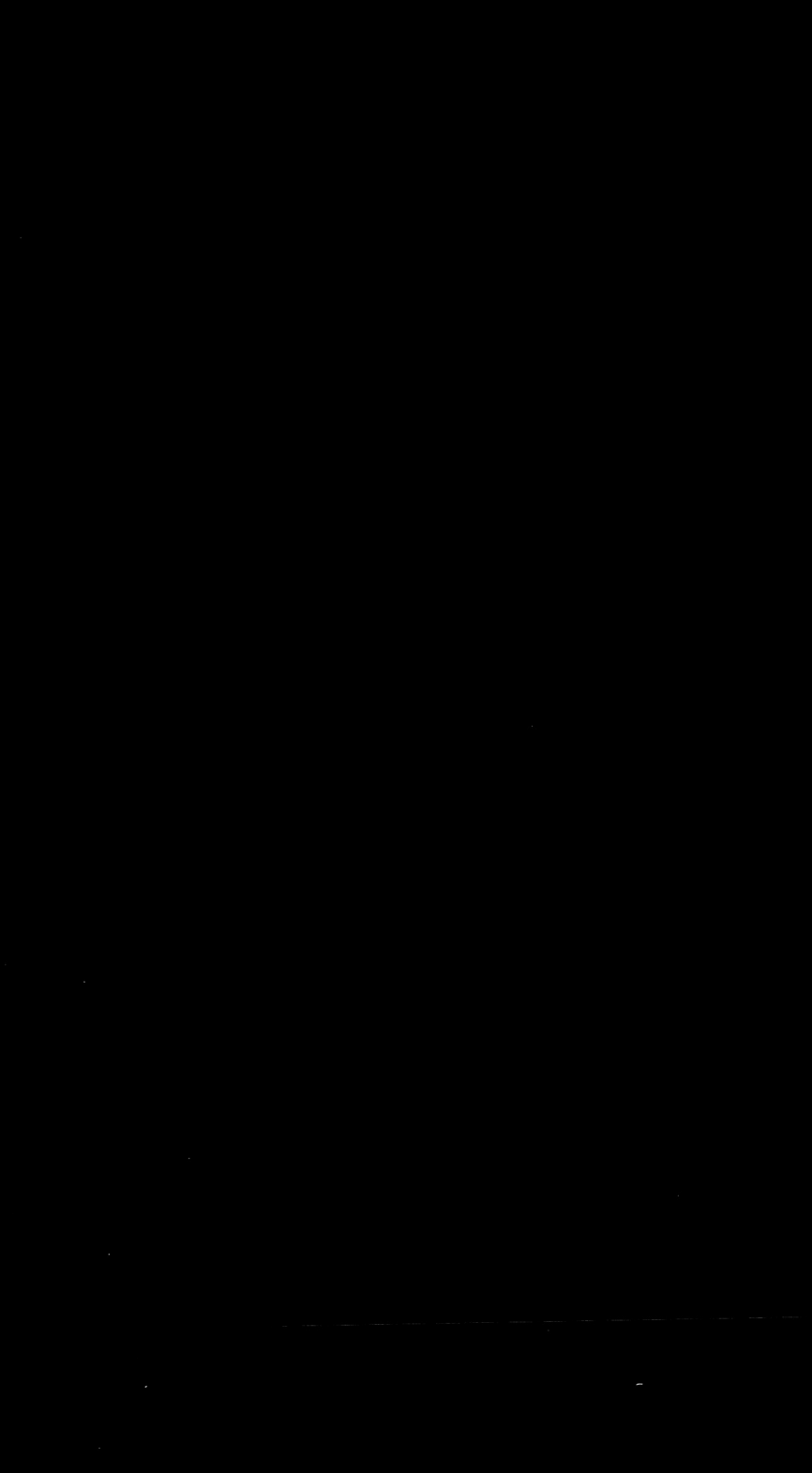

류샤오보(劉曉波) 시선(詩選)
내 사랑 샤에게

劉曉波劉霞詩選
著作:劉曉波 劉霞
copyright ⓒ 2000 by 夏菲爾出版有限公司
All rights reserved.

Korean Translation Copyright ⓒ 2010 by GEULNURIM PUBLISHIGN CO.
Korean edition is published by arrangement with 夏菲爾出版有限公司
Communications CO., Ltd. through EntersKorea CO., Ltd. Seoul.

이 책의 한국어판 저작권은 (주)엔터스코리아를 통한
홍콩의 夏菲爾出版有限公司와의 계약으로 글누림출판사가 소유합니다.
신저작권법에 의하여 한국 내에서 보호를 받는 저작물이므로 무단전재와 무단복제를 금합니다.

내 사랑 샤에게

류샤오보 지음
김 영 문 옮김

【시서(詩序)】

류샤오보(劉曉波)와 류샤(劉霞)의 시집을 위해 쓰다

저우중링(周忠陵)

친구들 나는 시를 쓸 줄 모르고, 더욱이나 시를 비평할 줄도 모른다. 시를 읽을 때도 왕왕 나의 호흡과 살갗에 직접 닿는 느낌이 있는가만 따진다.

만약 느낌이 있어서 내 입으로 그런 느낌을 말하더라도 그건 단지 표피적인 차원의 수박 겉핥기에 불과한 것이다. 문외한의 넋두리일 뿐이다. 먼저 류샤(劉霞)에 대해 말해야겠다. 그녀를 안 지는 10년이나 되었다. 어느 늦은 봄이나 초여름 무렵 꽤 더운 날 오후 나는 윈펑(雲峰)과 함께 그녀를 만나러 갔다. 당시에 그녀는 아직 쌍위수(雙楡樹) 아파트에 살고 있었다. 내 기억이 틀리지 않다면 그녀는 마침 와병 중이었던 같다. 여인이 내 연민을 불러일으키는 이유가 왜 나의 잠재의식 속에서는 늘 '병'이나 '집'과 연관되어 있는지 모르겠다. 그러나 류샤는 나에게 그렇게 심각한 인상은 주지 않았다. 그녀의 집으로 들어가서 다시 그 집을 나올 때까지 그녀는 계속 즐겁게 웃고 담배를 피우며 자욱한 운무를 뿜어 올렸다. 아주 허심탄회하고 순수한 모습이 마치 자신의 내면 세계는 전혀 존재하지 않는 사람처럼 보였다. 나는 어떤 강심장의 남자가 그녀에게 한걸음 더 가까이 다가갈 수 있을지 당시에는 전혀 상상할 수 없었다. 뜻밖에도 나중에야 나는 비로소 바로 이러한 느낌이 지기(知己)로서 우리의 일생을 규정 지었다는 것을 알게 되었다.

기실 당시의 류샤를 지금과 비교해봐도 흰머리가 몇 가닥 늘어난 것 외에는 별로 달라진 것이 없다.

소설가로서 류샤는 일찍부터 명성이 널리 알려졌지만 시까지 쓴다는 사실은 나중에야 소문을 듣고 알았다. 우리는 여러 해 동안 서로 만났지만 그녀가 쓴 시는 한 수도 읽은 적이 없다. 뿐만 아니라 나는 줄곧 시를 쓰는 여자는 대부분 천방지축이거나 심지어 흑백조차 구분하지 못하는 정신병자들이라고 고집스럽게 생각하고 있었다. 따라서 나는 자발적으로 그녀의 시를 읽어볼 생각이 없었다. 자칫하면 내가 그녀에게 갖게 된 호감이 사라질지도 몰랐기 때문이다. 그것은 울 줄은 모르고 단지 웃을 줄만 알며 경쾌하고도 자유로운, 그리고 전혀 오염되지 않은 그녀의 평소 태도에서 느낀 아름다운 감정이었다. 솔직하게 말하자면 시를 읽는 것은 직접 그 사람을 읽는 것만큼 미덥고 투명하지 못한 것이 사실이다.

눈물은 여인의 전매 특허이다. 그러나 류샤란 여인은 절대 가볍게 눈물을 흘리지 않는다. 그녀가 눈물을 흘리는 걸 본 것은 또 그 이후의 일이다. 이전에 나는 여러 해 동안 그녀가 알 듯 모를 듯 모호하게 샤오보(曉波) 이야기를 하는 걸 들은 적이 있다. 아마 그때 샤오보는 아직 해외에 있을 때였던 것 같다. 내 기억으로는 류샤가 샤오보 이야기를 하는 어감에서 나는 그때 그들 사이에 사랑의 감정이 싹 트고 있다는 사실을 믿어 의심치 않았다. 나중에 샤오보는 귀국하였다. 나중에 또 샤오보는 감옥에 갇혔다. 나중에 또 류샤는 내게 전화를 걸어와 식물원 옆에 있는 높은 담장 밖으로 샤오보를 찾으러 가는데 함께 가자고 부탁을 하였다. 담장 밖에서 몇 마디 고함을 지르면 혹시 그 안에서 어떤 반응이 있을지도 모른다는 것이었다. 그리고 다시 또 나중에 그녀는 매달 한차례씩 베이징(北京)에서 다롄(大連)으로 이어지는 도로를 왕복하게 되었다. 바로 샤오보의 시에 묘사된 바와 같다.

> 그대 멀고 먼 길을 걸어가야
> 겨울의 철문 앞에 도달할 수 있다
> 그렇게 작은 발이 그렇게 먼 길을 걸어가서
> 그렇게 차가운 발이 그렇게 차가운 철문에 닿는 건
> 오직 한 번이라도 이 죄수를 만나기 위함이다

나는 류샤로 인해 감동하였다. 그녀가 눈물을 흘릴 때 나는 차라리 아무 말 없이 그녀의 곁을 지킬 수 있을 따름이었다. 그녀에게 손수건을 건네줄 수 있을 뿐이었다. 저렇듯 착한 여인이 '사랑'이란 단어 때문에 여러 해 동안의 황량한 세월을 저렇듯 단조롭고도 힘들게 견뎌내야만 했다. 바람 속에서 돌아왔다가 다시 빗속으로 떠나는 삶을 지금까지도 지속하고 있다. 나는 냉담한 달빛이 그녀의 가지런한 머리카락과 피로한 얼굴에 남긴 그림자를 포착해낼 수 있다.

이상하게도 지금 류샤의 시집을 뒤적거리는 내 마음은 아주 담담하다. 귓가에는 여전히 친숙한 웃음소리가 메아리치고 있고, 눈앞에는 한 사람의 모습이 떠오르고 있다. 그것은 여인의 모습, 그처럼 여윈 몸이 등불 아래에서 흔들거린다. 하나의 찻상 주위에 검고 동그란 의자 몇 개가 놓여 있다. 커다란 벽은 온통 책으로 가득 차 있고, 찻상 위엔 뜨거운 김이 솟아오르는 차와 커피, 빵 몇 조각, 아직 다 타지 않은 담배, 손수 그린 몇 폭의 자화상이 놓여 있다. 스스로를 아끼고 가련해하는 모습이다. 아주 소소하지만 완전한 한 폭의 그림이다. 이와 같을 따름이다.

류샤에 대해서 이야기하는 것은 그래도 괜찮다. 입을 열고 편한대로 이야기하면 되기 때문이다. 그러나 고개를 돌려 샤오보에 대해 얘기하라고 하면 나는 정말 어떻게 말해야 좋을지 두려움이 앞선다. 샤오보는 우리같이 평범한 부류와는 다른 사람이다. 만약 말을 잘못 하면 첫째 친구의 이미지가 훼손될 수 있고, 둘째 내 자신의 퇴로가 막힐 수 있다. 그래도 나에게 말을 하게 한다면 억지로 몇 마디 하지 않을 수는 없겠다.

80년대에 나는 류샤오보의 글을 읽으면서 한마디로 탄복하였다. 그때 그는 아주 참신하게 한마리 다크호스처럼 문단으로 치달려와 독자적이고도 도도한 논설을 펼치며 사방의 박수 소리를 이끌어내었다. 당시에 나는 아직 충칭(重慶)의 한 대학 옆에서 서점을 운영하고 있었다. 샤오보의 책이 서점에 도착할 때마다 나는 그의 미친 듯한 필력에 놀랍고도 즐거운 느낌을 받았다. 놀랍다는 것은 그의 이론이 전투성이 강하다는 것이고, 즐겁다는 것은 그의 책이 잘 팔려서 돈을 좀 벌 수 있게 되었다는 것이다. 그때는 아직 100웬(元)짜리 지폐가 없었다. 그러나 10웬짜리 고액권을 양손에 가득 잡고 있으면 정말 마음속에 즐거움이 가득 차올랐다. 아주 중독될 정도였다.

나는 그때부터 계속 샤오보를 모든 것에 통달한 지자(智者)라고 생각해왔다. 솔직하게 말하면 그와의 심리적인 거리는 비교적 멀었다고 할 수 있다. 90년대 중반에 우리가 서로 알게 되었을 때도 나는 여전히 그런 심정을 갖고 있었다. 나는 한 치도 양보하지 않는 그의 강철 같은 입술에 가르침을 받은 적이 있다. 그의 입술은 마치 벌겋게 달아오른 인두처럼 수시로 공격 목표를 찾아 치달린다. 이 때문에 그와의 사귐은 나에게 아주 조심스러웠다. 가능한 한 그와 보통 사람의 지적 능력을 벗어나는 화제에 대해 토론하는 것을 회피하였다. 그렇지 않으면 벌겋게 달아오른 그의 인두에 자칫 몇 군데 화상을 입게 되고 그건 정말 견딜 수 없는 아픔이 될 수도 있는 일이었다. 누가 그처럼 총명하지 말랬는가? 누가 그처럼 책을 많이 읽지 말랬는가? 억울하면 당신도 돌아가서 아리스토텔레스·헤겔·칸트를 읽고 거기에 더하여 마르크스·엥겔스·레닌·스탈린·마오쩌둥 및 국제공산주의운동사를 읽을 일이다. 그렇게 하지 않고 샤오보와 같은 사람과 큰 논쟁을 벌이다가는 자기 존재가 사라지는 곤혹감에 젖어들 것이다. 무시를 당하더라도 어떻게 할 것인가? 자업자득이지!

류샤를 이야기 하다가 샤오보까지 가게 되었고, 다시 샤오보 이야기에서 류샤로 돌아가고자 한다. 류샤를 처음 알게 되었을 때, 샤오보와 같은 호걸이 그녀를 그렇게 열렬히 사랑하리라곤 상상도 하지 못하였다. 나의 감각이 정말 틀린 것 같았다. 나중에 내가 류사를 비교적 깊이 이해하고 좋아하게 된 이후에도 나는 그녀가 어떻게 그처럼 심오하고 사명감에 불타는 샤오보를, 즉 십자가를 진 것 같은 샤오보를 뜨겁게 사랑하게 되었는지, 또 그녀가 어떻게 그의 예리함과 냉엄함을 참아낼 수 있었는지 상상할 수 없었다. 이번에도 나의 느낌은 틀린 것 같았다. 그러나 이제와서야 나는 겨우 대오각성한 느낌이 든다. 기실 애정이란 근본적으로 시·문장·사상과는 무관한 것이며, 그것은 오직 심성간의 소통이고, 악습과 악습의 용납이고, 인간이 되기 위한 고무와 격려인 것이다. 다른 이유는 쉽게 말할 수 없다.

샤오보가 시를 능숙하게 쓰는 사람이란 사실도 내게는 확실히 의외였다. 뿐만 아니라 그가 쓴 몇몇 시들의 훌륭한 격조는 나의 애초의 예상을 훨씬 뛰어넘는 것이어서 말문이 다 막힐 지경이었다. 그의 시에 깊이 숨겨져 있는 세밀함과 민감함은 마치 우리 피부의 경락과 같아서 살짝 건드리기만 해도 부르르 전율이 일어날 정도이다. 류샤에 대한 그의 사랑은 너무나 섬세하여 머리카락과 손톱에까지 미치고 있다. 위대한 사상을 가진 군자(君子)가 뜻밖에도 이처럼 여성스러운 잔정과 작은 목소리를 갖고 있다는 점에서 우리는 진정 감개무량한 느낌을 받게 되는 것이다. 내 마음의 유일한 걱정은 샤오보가 계속 시를 쓰다가 혹시 그가 산문을 쓸 때의 필치를 잃지 않을까 하는 점이다. 이 두 가지 사유가 충돌하다가 혹시 산문 속에 문장 부호도 사용하지 않는 일이 발생하지 않기를 바란다.

1989년 '6·4'에서 지금까지 샤오보의 생활은 파란만장하였다. 그가 출옥한 후 몇 개월 동안 우리의 사귐은 평범한 경지에서 심도 깊은 단계로 진입하였다. 천부적으로 타고난 격렬함과 고고함 이외에도 그는 나에게 절대적인 진실과 믿음을 안겨주었다. 나의 감정은 경외에서 친밀로 옮겨가게 되었고 그와 더욱 더 가까워졌다. 수많은 대화 속에서 나는 그의 혈성(血性)과 사랑을 느낄 수 있었다. 그와 류샤의 존재로 인하여 나는 확실히 애정에 대한 나의 관점을 풍부하게 할 수 있었고, 또 인간으로서 나의 태도를 수정할 수 있게 되었다. 말하자면 인간으로서 내 자신은 그렇게 깨끗하지 못하고 악습이 덕지덕지 붙어 있는 사람에 불과했던 것이다. 매번 그와 대화를 나눌 때마다 그가 전혀 주의하지 않는 작은 거동조차도 나를 끊임없이 감탄하게 하였고 나를 끊임없이 사색하게 하였다.

시집을 완독하였다. 무슨 조리 있는 감상이나 비평을 하지는 않았다. 다만 친밀하고 사랑스러운 친구에게 지금처럼 영원히 서로가 서로의 그림자처럼 함께 어울리고 물과 우유처럼 다정하게 스며들기를 바랄 뿐이다. 나는 하느님은 믿지만 절대로 성인(聖人)은 믿지 않는다. 만약 성인(聖人)과 범인(凡人) 간의 구별이 사상적 비범함과 육체적 저속함 사이에 있다면, 성인도 결국 육체를 벗어날 수는 없을 것이다. 하물며 형이상과 형이하라는 범주도 결국 영원한 대립 관계가 아님에랴. 자신에게는 최강의 자율과 반성의 정신을 요구하면서도 타인에게는 평이하고도 폭넓은 태도를 유지하면 우리 주위의 세계는 끝없이 아름다워질 것이다.

우리는 영원히 다음의 여섯 글자를 품에 안고자 한다. 그것은 바로 "애정·친밀·우정"이다. 이 밖의 것은 전부 믿을 수 없다.

2000년 2월 베이징에서

[시서(詩序)]
류샤오보(劉曉波)와 류샤(劉霞)의 시집을 위해 쓰다

랴오이우(廖亦武)

그날 밤 내가 샤오보(曉波)·류샤(劉霞)와 함께 밥을 먹고 중중(忠忠)의 집으로 돌아왔을 때는 벌써 10시에 가까웠다. 앉아서 계속 두 사람의 합동 시집을 읽는데 눈꺼풀이 자꾸 떨렸다. 중국 민간에 '오른 눈이 떨리면 부자가 되고, 왼 눈이 떨리면 돌을 맞는다.'라는 속담이 있다. 좋든 나쁘든 이런 현상은 틀림없이 무엇인가를 예시해주는 것 같았다. 기타 소위 '6·4'반혁명분자들이 어떤지는 잘 모르지만, 나는 10년 전 대참살이 발생한 밤 「대학살」이란 시를 낭송한 이후 두렵고 불안한 마음이 이미 뼛속까지 스며들어 일종의 생리 반응으로 고착화되었을 정도이다. 자유라는 것이 일순간에 박탈될 수 있는 것인가? 내년 이맘 때 내가 여기 앉아서 시를 읽을 수 있을까? 나와 류샤는 15년 친구이지만 내가 그녀에 대해 기억할 수 있는 건 바로 웃음이다. 그녀는 거의 백치처럼 웃는다. 류샤는 늘 자신의 뾰족한 턱을 잡아 올리며 이렇게 말하곤 하였다. "더 이상 웃을 수가 없어, 제기랄! 나 좀 덜떨어진 사람 같지!" 그러면서도 그녀는 계속 웃음을 참지 못하였다. 나와 류샤의 공통점은 학력이 낮아서 혼자 공부했지만 성공을 거두지 못했다는 점이다. 상이점은 그녀는 술에 욕심이 많고 나는 음식에 욕심이 많다는 점이다. 이런 여자가 류샤오보에게 시집가서도 계속 바보처럼 웃을 수 있을지?

나는 이런 식으로 계속 글을 써내려갈 수 없다. 류샤오보가 곧 바로 질투를 하고 강짜를 부릴 것이기 때문이다. 나는 그가 세 번째로 출옥하고 나서부터 질투를 하고 강짜를 부리기 좋아한다는 사실을 알게 되었다. 공산당의 감옥은 정말 악랄하여 거기에 한번 들어갔다 나온 사람은 여자 생각을 아주 심하게 하게 되고, 샤오보처럼 유명한 풍운 인물조차도 감정이 단순해지도록 길들여지는 것이다. 그는 「감당 - 고난 속의 아내에게」에서 이렇게 쓰고 있다.

> 무덤으로 들어가기 전에
> 잊지 말고 불태워진 뼛가루로 내게 편지를 써줘
> 잊지 말고 저승의 주소를 남겨줘

이 세 구절로 90년대 중국의 모든 시인들은 존재 가치를 잃었다. 이른바 이러한 애정시의 상공에는 수백 수천에 달하는 '6·4' 희생자의 혼령이 가득 차 있다. 샤오보는 혼령들의 사랑과 원한과 기도를 등에 지고 있다. 나는 이러한 시가 나찌 수용소나 러시아 제까브리스트(12월 당원)의 유배지에서 쓰여진 시와 같은 성격이라고 생각한다. '아우슈비츠 이후에 시를 쓰는 것은 야만적인 일이다.'라는 말은 1989년 이후 중국의 상황과도 부합한다. 좀 거칠게 말하자면 여러 차례 노벨문학상 후보에 오른 베이다오(北島)조차도 이처럼 직접적으로 인간의 생사와 관련된 용기 있는 시구를 쓴 적이 없다. 베이다오는 감옥에 간 적이 없기 때문에 그가 70년대 말 옥중 연애시 형식으로 창작한 시에 겨우 다음과 같은 구절이 있을 뿐이다. '감옥의 담장이 나의 입을 막게 하라 / 감옥의 쇠창살이 나의 하늘을 조각 내게 하라' 나중에 홍색 교과서에 실린 적이 있는 이와 같은 반역자의 모습, 즉 도식화된 반역자의 모습에 한때 국제 중국문학계가 경도되기도 하였지만 감옥을 체험하고 감옥에 관한 상식이 풍부한 보통 반역자의 눈은 속일 수 없었다.

눈치가 빠른 독자들이라면 벌써 내 마음 속에서 샤오보가 차지하고 있는 위치가 아주 중요하다는 사실을 알아채셨을 것이다. 그의 도의와 양심 그리고 자신에 대한 반성과 가책은 동시대 절대 다수의 인텔리들을 훨씬 뛰어넘고 있다. 그러나 그는 지나치게 앞서 가는 대가로 정상적이고 건강한 일상생활을 상실할 수밖에 없었다. 나는 그의 친구로서 그가 옥중에서 생일을 맞는 것에 대해 찬성할 수 없다. 그는 다음과 같은 시구로 감옥 밖에서 고통스러운 나날을 견뎌내고 있는 마누라를 '학대' 하고 있다.

백색의 알약은 뇌장(腦漿)으로 조제된 것
우리의 사랑을 독살시킨다……

나의 상처를 위해 시를 쓰지 말라
그대 충분하게 잔인하다면
날카롭게 모가 난 소금 한 줌을 뿌려
나로 하여금 맑은 각성의 화끈거리는 통증 속에서
미완성의 희생을 완성하게 해다오……

살아간다는 것은 얼마나 어려운 일인가? 더욱이나 류샤오보의 마누라로 살아간다는 것은 또 얼마나 어려운 일인가? 나는 류샤가 웃을 수 있기를 바란다. 또 류샤가 지나치게 '정신화' 되지 말고 좀 세속화 되어서 보통 노동 인민들의 취미와 좀 더 가까워지기를 바란다. 비록 이 세상에 재미 있고 즐거운 일이 아무 것도 없을지라도, 또 비록 때때로 웃음이 가면에 불과한 것이라고 느껴질 때라도 그 웃음을 빌어 고양이의 발톱을 숨길 수 있기를 바란다. 고갱은 이렇게 말하였다. "독약이 있으면 해독약도 있다." 그래서 그녀는 웃음을 머금고 비상을 삼켰다. 웃음은 휴식이다. 웃으면 10년은 젊어진다. 웃음은 역사도 유구한 스포츠 종목이다. 텔레비전 프로그램, 저녁 만찬, 술자리와 각종 사교 모임에서 고관(高官)·거부(巨富)·스타로부터 일반 백성에 이르기까지 모두들 웃음을 머금고 서두를 시작한다. 마음이 불안할수록 더욱 더 웃어야 한다. 니미럴! 끝까지 싸워야 한다!

  물론 웃을 수 없는 때도 있었다. 경찰이 집에서 샤오보를 잡아가고 3년이 지나는 동안, 나는 그가 헤이룽장(黑龍江)으로 유배된 줄 알았다. 중중(忠忠)이 류샤를 찾아갔다가 그녀와 함께 베이징에서 내게 전화를 걸어왔다. 류샤는 이렇게 말했다. "저놈들이 얼굴도 못 보게 해……" 그러면서 그녀는 결국 울음을 터뜨렸다. 나는 아무 말도 할 수가 없었다. 그렇다, 남편이 실종되고 나서 아내는 마음 속 즐거움과 웃음을 영원히 잃고 말았다. 그러나 앞으로의 세월 속에서는 웃으며 견뎌나가야 한다. 류샤오보! 자네 영원히 기억하게! 자네가 한순간이라도 그녀를 어지럽게 하여 말을 잃게 만든다면 이 사랑의 시집은 무게를 잃게 될 것이네. 자네는 용감하므로 이 뻔뻔한 세상과 목숨을 걸고 싸울 수 있을 것이고, 또 감옥으로 들어가서 순도자로서의 죄책감을 경감시킬 수도 있을 것이네. 그리고 혈혈단신으로 하늘과 땅 사이에 꼿꼿이 서서 마누라도 필요 없고, 친구도 필요 없고, 심지어 부모 형제조차도 필요 없다고 말할 수 있을 것이네. 전제 정권은 인간의 여러 가지 약점을 확실하게 간파하여 그 약점에 따라 교묘한 대응 방법을 쓰면서 그 오랜 세월 동안 권력을 유지해오고 있네. 자네는 일개 문인으로서 총도 없고 대포도 없는 상황에서 혼자 맨주먹으로만 전제 정권과 싸운다면 절대로 좋은 결과를 얻을 수 없을 것이네. 물론 자네는 바위 틈에서 솟구쳐나온 바위알과 같으므로 자네를 삼키는 개새끼는 누구나 목이 막혀 뒈지기는 할 테지만.

  나는 늘 진정한 대고난은 말로 표현할 수 없다고 느껴왔다. 핏물이 흥건한 난리와 개인 내면의 흐느낌은 어느 것이 가볍고 어느 것이 무거운가? 목숨을 버리고 대의를 쟁취하는 것과 홀로 가정을 지키는 것은 어느 것이 가볍고 어느 것이 무거운가? 딩쯔린(丁子霖) 여사가 수년에 걸쳐 조사한 「6·4 사상자 명단」 및 그 가족들의 증언을 읽고 나서 내 마음이 가장 아팠던 것은 저들이 보통 사람의 생명을 저렇듯 아무 거리낌도 없이 앗아갔다는 점이다. 그들은 모두 지식인 사회의 인텔리들이 아니다. 그들은 아마 세속의 행복한 생활만을 꿈꾸고 있었을지도 모른다. 그러나 자신을 매우 고상하게 여기는 우리 같은 학자나 시인들은 일찍이 개미처럼 살아가는 그들의 생활을 무시하고 조롱하기도 하였다. 그러나 그들은 죽었다. 마치 딜런 토마스가 '맹목적인 심령이 산산이 부서졌다'라고 읊은 것처럼.

왜 모든 참극에는 약자들이 대가를 치러야 하는가?

샤오보는 진퇴양난의 곤경 속에서 순도자의 정감을 사용하는데 익숙하다. 일종의 극단적인 이상으로 자기 아내의 마음을 뒤흔든다. 그는 이렇게 읊었다. '나를 그대가 앞으로 살아갈 / 비참한 이유로 삼아 줘' 이와 유사한 시구가 도처에 보인다.

> 아마도, 그대의 죄수가 되어
> 영원히 태양을 못 볼 수도 있지만
> 나는 암흑이
> 나의 숙명임을 믿는다……

> 떨리는 바이올린은
> 먼 곳을 위해 현을 끊지만
> 이렇게 깊은 아픔은
> 오직 먼 곳을 감동시키기 위함이다……

> 나는 또 그대가
> 새 옷도 입을 수 없었던 계집애로부터
> 면회를 위해 감옥을 오고 가는 아내가 되었음을 안다……

너무나 침중하여 숨도 쉬기 어려울 지경이다. 류샤는 자신이 오직 이러한 사랑을 선택할 수밖에 없고, 이처럼 힘에 부치는 삶을 살아갈 수밖에 없다고 이야기하였다. 그러나 나는 샤오보가 시 속에서만 이 와 같기를 바랄 뿐이다. 딩쯔린이든 류샤오보든 모두 보통 사람들의 원혼을 위해 증언자가 되려는 삶을 살고 있다. 그러나 집으로 후퇴하 여 다시 정상적인 가정을 꾸리고, 평범하고 건강한 나날을 보내는 것 이 또 다른 '사생취의(捨生取義)'가 될 수는 없을 것인가? 류샤는 「1989년 6월 2일 - 샤오보에게」라는 시에서 '사람들과 함께 그대를 우러러보면 / 나는 너무나 피곤해'라고 읊었다.

  나도 너무 피곤하다. 샤오보! 이제 때가 되었네. 이 시집을 다 쓴 뒤 변화막측한 시대의 풍운으로부터 보통 사람들의 생명 속으로 돌 아와 중국 백성들이 어떻게 살아가고, 어떻게 견뎌내고, 어떻게 참 아내고, 어떻게 죽어가는지를 체험해보고, 또 그 한차례의 참극이 어떻게 보통 사람들을 우리의 정신적 자산으로 변화시켰는지를 체 험해보기 바라네. 샤오보 자네는 인텔리 사회에 너무 오래 머물렀고, 그 높은 곳에서 너무 오래 지체했네. 이제 낮은 곳으로 내려와 나 랴 오(廖) 털보와 중중(忠忠)의 세계로도 들어와보게. 우리는 약점이 너 무나 많고 악습도 아주 치명적이지만 우리에게는 따뜻한 손이 있다 네. 우리는 자네를 매몰시키거나 음해하지 않을 것이며, 자네와 무슨 고저 장단을 다투려 하지도 않을 것이네. 어서 오게, 샤오보! 우리에 게 자네의 어린 시절 이야기를 들려주게. 그때 자네는 가난한 악동이 어서 애들과 곧잘 싸움도 했지만, 사랑하는 강아지의 죽음 때문에 자 네의 아버지를 원망하기도 했지. 악취가 진동하는 밤, 집에서 쫓겨난 유랑아들이 양떼처럼 함께 모여 서로의 온기를 나누는 것, 이것이 바 로 우리 서로의 실낙원이 아니겠는가? 일망무제의 사회적 상처 속에 서 우리 서로 최초의 다정한 감정을 유지한 채 세월의 먼지를 모두 털어낸 후 '아무리 좋은 죽음도 게으른 삶보다 못하다'는 말을 믿고 살아가세나. 다른 사람들이 게으르게 살아가는 건 오직 그렇게 살 수밖에 없기 때문이지만, 자네 류샤오보는 죽음조차 가벼이 여기는 사람이기에 게으르게 살아간다는 것 자체가 자네에게는 큰 용기가 필요한 일일 것이네. 오디세우스 엘리티스는 이런 말을 했지. "높이 나는 새가 우리의 짐을 덜어준다."

정신 없이 여기까지 쓰다가 아직 류샤의 시에 대해 언급하지 않았다는 사실을 상기하게 되었다. 나는 너무나 우둔한 사람이지만 그래도 요 몇 년간 나에게 가장 깊은 인상을 준 류샤의 시는 「새 한 마리 또 새 한 마리」이다. 80년대 『중국(中國)』이란 잡지를 낼 때 저우진(鄒進)은 본래의 시보다 몇 배나 더 난삽한 시평(詩評)을 발표한 적이 있다. 나는 감옥에서 류샤가 결혼한다는 편지를 받고 너무나 놀라서 허둥거리다가 마치 아기를 어르는 것처럼 이 시를 낭송하며 그녀의 마음을 풀어주고 싶었다.

> 우리는 새가 유리창에 남겨 놓은
> 조그만 그림자를 보았다
> 그것은 그곳에 찍혀
> 오래도록 떠나려 하지 않았다……

불현듯 내 기억 속에 류샤가 소설 한 편을 쓴 적이 있다는 사실이 떠올랐다. 그 내용은 다음과 같다. '어떤 여자 아이가 작은 손으로 길가의 쇼윈도우를 짚으며 걸어가는데, 태양 빛의 굴절 속에서 작은 손자국들이 점차 참새로 변하였다.' 삶의 추구가 복잡해진 80년대에, 유명한 여류 시인들은 모두 호랑이 암컷처럼 하루 종일 남자들 무리에 끼어서 흙탕물을 휘젓고 있었다. 따라서 류샤처럼 단순한 창작 동기를 가지고는 전혀 사람들의 이목을 끌 수가 없었다. 나는 그 손자국 놀이 속의 참새가 그렇게 오래 비상하리라고는 생각도 하지 못하였다. 심지어 나는 그것을 내가 수감되어 있던 감옥 죄수들의 손 그림자에서도 발견해낼 수 있었다. 그곳에는 커다란 벽이 있었고 태양빛이 교도소 철책 너머에서 그 벽으로 비쳐 들면 죄수들의 손가락 그림자 놀이가 시작되는 것이었다. 그 중에서 솜씨 좋은 어떤 좀도둑은 10여 종의 새가 비상하는 모습을 만들어내어 다른 죄수들의 박수갈채를 받았다. 나중에 다른 손 그림자는 모두 탈락하고 오직 그 좀도둑 한 명만 땅바닥에 가로 누워 '새' 연기를 펼쳐보이면서 입으로 찍찍 짹짹 새소리까지 흉내내었다. 태양의 고도가 점차 높아지면 그림자도 점점 벽 위로 높게 솟아올랐고, 손 그림자로 새 모양을 만드는 죄수도 누운 동작에서 차츰 꿇어 앉았다가 다시 선 동작으로 자세를 바꿨으며 최후에는 두 손을 높이 들어도 햇볕을 적당하게 받을 수 없어서 결국 그 새는 실종되는 것이었다.

이것은 숙명이다. 작은 손자국이 참새로 변한 그 여자 아이는 결국 죄수 류샤오보의 마누라가 되었다.

그녀가 시를 쓴 햇수는 류샤오보의 두 배나 된다. 따라서 매번 그를 면회할 때의 인내심으로 한 점 한 점 시구를 정련해내어 점차 그 속에서 내심의 차가운 빛발이 뿜어져 나오도록 하고 있다.

매년 음력 7월 15일
강물 위에는 등불이 가득 덮이지만
그대의 영혼은 불러올 수 없다……

수용소로 치달려가는 그 열차는
오열하며 나의 몸을 짓이기며 지나가고
나는 그대의 손을 잡을 수 없다……

류샤의 시에서 발견할 수 있는 이와 같은 시구들은 모두 샤오보가 시를 연마하는 표본이 되었다. 왜냐하면 이 시구들 배후에는 드넓은 사랑과 연민이 자리 잡고 있기 때문이다. 암흑 속에서 잘게 씹으며 음미해야 하는 이 쓰린 열매들은 오직 모성에서만 그 근원을 찾을 수 있다. 이 시구들은 포용력이 있다. 따뜻한 양수로 계급 사회가 샤오보에게 남긴 영혼의 독소를 해독시켜 준다.

이러한 여인이야 말로 사나운 호랑이의 짝이 되기에 적합하다.

이러한 여인이야 말로 외로운 나그네의 짝이 되기에 적합하다.

그녀는 다른 사람의 비극에는 정면으로 대결하면서도 자기 자신에 대해서는 구원의 방법을 알지 못한다.

시가(詩歌)의 창기들이 범람한 지난 세기의 중국에서 시단 밖의 류샤야말로 시의 명맥을 이으며 다행스럽게 생존한 중국 유일의 여류시인이라고 할 수 있다.

2000년 설날, 베이징 우커쑹(五棵松)에서

차례

[시서(詩序)] 저우중링(周忠陵) 4
[시서(詩序)] 랴오이우(廖亦武) 10

제1부 내 사랑 샤(霞)에게

빗속의 나 29
경악 31
그가 앉는다 33
위험한 쾌락 34
5분의 찬미 35
어느 날 아침 37
취한 그대 39
겨울의 고독 44
쌍음자(雙音字) 46
사랑하는 그대, 나의 강아지가 죽었어 48
아버지가 가져온 색동옷 50
절벽 52
어린 시절 53
다시 조금 더 가까이 갈 수 있다면 55
문 57
다시 한 번 신부가 되어 주오 59
그렇게 작고 그렇게 차가운 발 61

나는 그대의 종신죄수 63
그대의 폭발로…… 66
담배와 그대 70
그대는 줄곧 추위에 떨고 73
그대·혼령(亡靈)·실패자 75
먼지와 함께 나를 기다린다 78
탐욕스런 죄수 80
장난감 인형들에게 호소하다 83
카미유 클로델이 류샤(劉霞)에게 85
스비타예바가 류샤에게 87
류샤가 마사(瑪莎)에게 90
세계를 찌르는 한 자루의 칼 94
시몬 베유와 함께 기다리다 96
반 고흐와 그대 98
에밀리 브론테와 우리 두 사람 100
마르그리트 뒤라스가 류샤(劉霞)에게 102
외할아버지에게(샤오보가 류샤를 모방하여) 107

왕샤오보(王小波)를 애도하며　112
비트겐슈타인의 초상　116
칸트를 향해 경의를 표하다　119
카프카, 내 말 들어봐　123
릴케를 읽으며　127
보르헤스의 암흑　130
성 어거스틴에게　134
털보 플라톤　137
예수를 우러르며　140
태사공의 염원　143
잊을 수 없는 장자　146
밤과 여명　150
나를 따르다가……　151
그대 이처럼 연약한 눈빛　152
그대의 자화상　153
그대에게 주는 시　154
그대는 나……　155
내가 떠날 때　156
햇볕과 찻잔　157
쓸쓸한 날　159

연기의 감각	160
감당	162
그대 출현하다	164
먼 곳	166
아내에게	167
사라진 눈빛	169
회상	170
모래 한 줌	174
별빛이 바야흐로 살상을 모의하다	175
새벽	176
개미 한 마리의 흐느낌	177
참새를 잡는 아이	178
흉수(凶手) 잠입	179
옥중의 생쥐	181
벗어나기를 갈망하다	182
하느님의 손아귀로부터	183
편지 한 통이면 충분해	185

제2부 사망 체험(6·4 추모시)

사망 체험 189
열일곱 살에게 195
질식당한 광장 198
한 떨기 담배는 혼자서 타고 있다 201
돌멩이 하나의 부서짐에서 시작하다 204
기억 206
나는 나의 영혼을 방탕하게 하리라 211
그날 218
또 박두하여 뒷골을 꿰뚫는 고통 223
시간의 저주 속에 서서 226
쑤빙셴(蘇冰嫻) 선생에게 헌정함 231
널빤지의 기억 235
'6·4', 무덤 240
저 혼령의 눈빛 아래에서 245

제3부 나는 죄가 없다

08 헌장(08 憲章 : Charter 08)   251
나는 적이 없다 - 나의 최후 진술   263
나의 무죄 변론   271

류샤오보(劉曉波) 간략 연보   281
수상 현황   284
주요 저작   285
작품 제목 및 창작 연도   286
옮긴이의 말   291

일러두기

1. 이 책은 2010년 노벨평화상 수상자 류샤오보(劉曉波)의 번역 시집이다.
2. 이 책의 저본은 『류샤오보 류샤 시선(劉曉波劉霞詩選)』(홍콩, 夏菲爾國際出版公司, 2000년 9월)이다. 본래의 저본에는 류샤오보와 그의 아내 류샤의 시가 함께 실려 있다. 그러나 저본은 전체 면수가 446면이나 되는 방대한 양이어서 한 권의 번역 시집으로 묶어내기에는 벅찬 분량이라고 할 수 있다. 따라서 저본의 체제와는 조금 다르지만 류샤오보와 류샤의 시집을 분리하여 두 권으로 출판하고자 한다.
3. 이 책 2부에 실린 류샤오보의 6·4 추모시와 3부에 실린 류샤오보 관련 몇 가지 자료는 류샤오보를 조금 더 깊이 이해하기 위해 필요한 글로 생각되어 여러 인터넷 사이트에서 수집하여 번역하였다.
4. 이 책 저본의 판권 계약은 한국의 '글누림출판사'와 홍콩의 '夏菲爾國際出版公司' 사이에 정식으로 체결되어 있다. 그러나 안타깝게도 이 번역 시집의 저자인 류샤오보 및 그의 부인 류샤는 중국 당국의 엄격한 통제로 인해 전혀 연락이 이루어지지 않았다. 그들이 하루 빨리 자유의 몸이 되기를 간절히 희망한다.
5. 저본에서 류샤오보가 류샤를 부를 때 사용하는 호칭 '你'는 대부분 우리말 '그대'로 번역하였고, 다른 사람을 호칭하는 '你'는 대부분 '당신'으로 번역하였다. 물론 극소수의 예외는 있지만 그 경우는 '你'의 대상이 아주 분명하여 혼동되지 않는 경우이다.
6. 각각의 시 제목 뒤에 붙어 있는 '샤(霞)'·'누이(小妹)'·'새끼손가락(小手指)'·'작은 발(小脚丫)' 등의 호칭은 모두 류샤오보가 자기 아내 류샤를 부르는 말이다.
7. 류샤오보의 문장에서 흔히 쓰이고 있는 '공민(公民)'은 편의상 우리말 '시민(市民)'으로 번역하였지만, 그 개념이 완전히 일치하는 것은 아니다. 대체로 류샤오보가 말하는 '공민(公民)' 개념이 우리 말의 '시민(市民)' 개념보다 좀 더 폭넓은 의미를 담고 있는 것으로 보인다.
8. 이 책의 중국어 지명과 인명의 우리말 표기는 원칙적으로 현재 통용되는 국립국어원의 중국어 표기법에 따랐다. 그러나 일부 발음에서 중국의 현지음을 더 중시한 경우도 있다.

제1부

내 사랑 샤(霞)에게

빗속의 나 - 샤(霞)에게

비가 내린다
빗방울은 태양을 뚫고
나는 세계의 변방으로 내몰린다
오직 경악과
순종뿐
빗방울은 전혀 잔혹하지 않다
그러나, 그 온유함에는 위험이 가득하다

혼자 발가벗은 몸
나는 빗속의 유일한 나신
빗속의 색채로 의혹에 젖는다
모든 우산은 미약한 함성처럼
비에 젖은 시간 속으로 사라져 간다

내가 바라는 건
빗속의 붕괴
나의 가녀린 몸
처음 떠오를 태양보다 먼저 떠나리
나는 침묵 속의 모든 변화가 두렵다
또 영웅식의 어떤 장거도
감당할 힘이 없다

하느님의 관심을 끌 수 있는 건
인정상의 자학뿐
모독할 지혜도 없는 난
한 개비 담배만 피울 수 있을 뿐

경악 - 샤(霞)에게

경악은 하나의 돌멩이에서 시작되고
이어지는 건 잡초 및
풀잎 위의 반점과
풀숲 속 짐승의 발자욱
낯선 한 조각 하늘 아래로
금지된 과일의 맛이 떨어져 내리다
별처럼 떠오른다

경악은 한차례 호흡에서 시작되고
술잔 속 남은 술은 혼자서 잠이 든다
눈을 부릅떠 봐도 허허로움은 어제 같고
세계는 지척에 있다
저 등불은 이리저리 나부끼고
유예된 순간엔
한 가닥 소리도 없다
서른 여섯 나이에
벌써 하느님과 가깝다

경악은 하나의 허사(虛辭)에서 시작되고
스무개의 술잔은
핏자국을 깨끗이 닦아낸 광장보다 더

발가벗은 소녀를 닮아 있다
방안을 청소하여 증거를 지우고
기억을 수습한다
창문은 바다에서 너무 멀지만
문득 잔혹함 속에서 새하얗게 질리며
잿빛 먼지와 시구 사이에 높이 자리 잡는다

경악은 공포와 구별되지만
더욱 절망에 가까이 다가간다
조소하고, 풍자하며
결국 엄숙함보다 더욱 성실해진다
비애로 부를 수 있는 건
거의 없으리라
사람들의 웃음 속에서
그들의 웃음이 끝난다

그가 앉는다 - 샤(霞)에게

그가 앉는다, 천천히
태양은 천천히 심문한다
길가의 퇴락한 벤치에서

그는 한순간도 떠나지 않고 천천히
눈빛은 너무나도 굼뜨게
그는 좌우를 전혀 돌아보지 않고
전심전력으로 손톱을 다듬는다
찬란한 빛은 코를 고는 돼지와 같다

그는 모두를 멀리 떠나
천천히 다른 한 사람의 내심으로 들어가
인공 유산을 기다리는 듯
무겁게 무겁게 그곳에 눌러 앉는다

위험한 쾌락 - 샤(霞)에게

이건 너무나 위험한 쾌락
그대 이렇게 깊이 젖어들면 안돼
암흑 속의 삼림은 귀를 세우고
가느다란 바람에도 놀라워한다
적막도 한 가닥 작은 바늘처럼
그대의 눈을 신음하게 한다

절정의 순간에 몸을 던지기 위해
출로 없는 길을 향해 걸음을 옮기다가
까닭도 없이 먼 곳만 자세히 바라본다
소리도 내지 못하는 거문고 줄은
그대 두근대는 심장 끝에서
끊어져서 떨다가 온유하게 울린다

이 같은 한 점 한 점 호기심 많은 품성은
가련하게도 자신의 내면에만 귀 기울이다
유혹도 아닌 유혹을 한차례도 견뎌내지 못하고
전혀 신비하지 않은 수수께끼의 답을 엿보듯
오직 평범한 시작이
점점 더 이상한 결말이 되게 한다

5분의 찬미 - 샤(霞)에게

제사(題辭) : 내가 그대를 찬미해야 한다고 그대 내게 명령을 내리지만 나에게 5분 동안만 생각할 시간을 줘. 그리고 바로 몸을 돌려 주방으로 들어가……

내게 5분 동안만 시간을 줘
내가 그대를 찬미할 수 있게 하려면
내가 그대 위해 하나의 별을 따서
그대를 찬미할 수 있게 하려면

그대의 요구는 그처럼 합리적이고 정리에 맞지만
언제나 가지런히 빗지 못하는 그대의 앞머리처럼
온 세상이 주목하는 난제(難題)이겠지
그대 이젠 교묘한 방법을 배워야 해
5분을 300초로 나누면
너무나 길고도 멀게만 들리지
내가 한평생의 세월을
그대를 찬미하는 난제(難題)에 바친 것처럼

그대 웃을 수 있는지 몰라
그대 긴장하고 있는지는 더 더욱 몰라
그대는 주방에서 죽을 끓이며 나의 찬미를 기다리고

난 앉은뱅이 식탁에 앉아 담배를 피우며 시를 쓴다
종이 위의 시어는 솥 속으로 날아 들어
익고 있는 쌀알과 함께 부글부글 끓어오른다

난 정말 그대를 찬미해야 해
아니면 잘못 되어
해변으로 가서 그대 위해 알몸으로 헤엄치며
매번 검은 밤의 언어로
그대와 얘기할 기회를 가질 거야

어느 날 아침 - 혼자서 티벳으로 간 샤(霞)에게

어느 날 아침
하품과 권태가 교차하는 아침
나는 추측한다
그대와 고원 사이에
하늘은 불가사의하게
깊고도 멀고
바람도 없고 구름도 없고 안개도 없이
투명한 난초빛으로 더 없이 아득하리라고

그대 떠나던 시각
난 고요했지만
그대 뒷모습 사라지자
생각은 먼 곳에서 자란다
아가의 자그마한 손바닥의
손금 길을 누군가 걸어가는 것처럼
굽이굽이 나의 몸을 뚫고
유일한 말 한 마디를 찾는다

말의 비상엔 날개가 필요 없다
마치 동일한 기운이 영혼을 부르듯
아침 햇살은 불안하게 떨린다

이제 느껴지는 좀 낯선 감각은
이번 원행을 위해 그대가
준비한 새 신발과 같다

흔들리는 시간은
나의 꿈을 처녀의 몸으로 임신시키고
산소가 부족한 설산은
탐욕스럽게 그대가 뿜어낸
첫 모금 담배 연기를 들이마신다

취한 그대 - 샤(霞)에게

제사(題辭) : 새벽 3시 경, 그대는 취했다. 찬바람 속에서 나는 그대를 부축하고 길가에서 택시를 기다린다.

(1)

한겨울 눈 내리는 날
술의 온도로 달아오른 열기는
불꽃보다 더욱 푸르고
돌멩이보다 더욱 단단하다
그대 피는 여전히 차가워
겹겹 얼음에 덮인 아스팔트 길보다
더욱 더 멀어 접촉할 수 없다
그대가 일찍이 죽음으로
자신의 절망을 시험한 것처럼

(2)

울면서 손을 들자
그 위에 닿는 것은 관곽(棺槨)
무덤가를 따라 이동하며
편안해진 손으로

죽음보다 더 깊은 공포를
접촉한다
그리하여 모든 해골을 참아내며
얼음 능선처럼 우뚝 일어선다
햇볕 선명한 대소사(大昭寺)에서
광선은 더욱 밝고
붉은빛은 더욱 처량하다

(3)

얼굴은
브랜디의 농도 속에 젖어들고
몽롱하게, 마치
발밑에서 피어오르는 잿빛 먼지처럼
한순간 곤두서다가 한순간 가로눕는다
그대의 취한 모습은 산처럼 요원하고
순간 바로 발 아래에서 천식을 일으킨다
겹겹으로 다가온 현기증이
사라지며 깊은 바다 밑 기억이 된다

(4)

직시는 일종의 위협
동공을 크게 확장한 뒤
바람과 가까워진 마른 풀을 호흡한다
심장 박동의 끊어짐은 갈수록 더 길어지고

거미는 황혼의 한 가닥 빛을 끌어와
자신의 몸을 열고
굼뜬 동작으로 오래도록
폐쇄된 문을 향유하고 있다
쥐와 옛 가구 외에는
이제 더 이상 아무 비밀도 없다

(5)

뭇별은 취한 눈 위에서
선회하며 눈부신 삶을 살다가
한 곳을 찾아가
후안무치함을 참아낸다
꿈은 반짝이는 칼
검은 밤의 손이 칼날을 단단히 잡는다
잘게 잘린 조각들
투명한 조각들은
견고하고도 아름답지만
더욱 온전한 아름다움에 타파된 뒤
남김없이 치워지고 깨끗이 버려진다

(6)

한 자락 악곡은 곤혹스럽게도
신체의 가장 깊은 곳으로 날아든다
의심스러운 음표는 구두가

적설을 밟는 소리와 혼동된다
휑하고도 아득한 곳에서 날아온
교직되고 메아리치는 곳에서 날아온
암담함은 고운 모래의 파열음처럼
결빙의 눈물 속에 매장된다

(7)

울음을 빛의 그림자에 비유한다면
절망은 곧 물의 부드러움이나
산의 연면함에 비유할 수 있으리
미래의 어느날 밤
그대 다시 한 번 취한다면
그대와 함께 날이 밝아오도록
우리 고목처럼 앉아
길가의 꽁초처럼
거지가 주웠을 땐 벌써 곰팡이를 피우리
옅은 안개가 흩어지는 새벽
지평선은 사람을 타락시키고
아주 차가운 일출엔
더 이상 찬란한 빛발이 없다

(8)

취한 뒤 토해낸 오물은
신에게 바치는 뇌물

한 시대를 끝내는 시의
영혼은 광고판 위에 발가벗은 몸을 드러내고 있다
한 손을 붙잡고 집으로 가려 해도
사랑은 절벽 끝에 매달려 있다
만약 모험을 하고 싶다면
혼자서 북극으로 갈 필요는 없지
황색 택시를 따라 배우자
단숨에 빨간 불을 통과하여
운명을 우연한 사고에 바치고 있다

(9)

사랑당한 적이 있는 모든 곳에서
짓밟힌 적이 있는 모든 곳에서
그대 취한 눈빛은
가장 진지하고 가장 황량하다

겨울의 고독 - 샤(霞)에게

겨울 밤의 고독은
모니터의 푸른 바탕 화면
남긴 것도 없고 가진 것도 없는 것처럼 단순하다
그럼, 그대 날 한 개비 담배로 여기려나
수시로 불 붙일 수 있고 수시로 불을 끌 수 있지만
피워도 피워도 영원히 다 피울 수 없으리

얼음 한 덩어리를 술잔에 집어넣듯
맨 발로 눈 덮인 대지를 밟는다
취함과 미침은
까마귀가 낮게 늘어뜨린 날개
대지, 저 가없는 수의(壽衣) 밑에서
검은색 화염이 목놓아 통곡한다

손에 잡은 붓이 갑자기 꺾이자
날카로운 풍자가 하늘을 꿰뚫는다
별들은 부서져 꿈속 인연을 만들고
저주는 피를 흘리며 시구를 써내려 간다
피부의 부드러움은 여전히
한 가닥 밝은 빛을 그대에게 보낸다

고독은, 선명하게
추운 밤의 울음 속에 우뚝하게 서서
눈의 골수와 접촉한다
그러나 나는
담배도 아니고 술도 아니고 펜도 아니고
독이빨이 돋아난
『폭풍의 언덕』과 같은
오래된 한 권의 옛날 책일 뿐

쌍음자(雙音字) - 샤(霞)에게

실어와 함성 사이
희망과 절망 사이
격정과 냉정 사이
예리와 둔함 사이

텅 빈 허공이 우뚝 솟아
여태껏 무엇에도 닿지 않고
지금까지 그 모습을 바꾸지 않고
오로지 우뚝 솟아서
미동도 하지 않는다

두 차례의 떨림 사이에
한차례의 멈춤이 있고
두 개의 경탄 사이에
한 개의 틈새가 있다
마치 불꽃과 얼음 사이에
투명한 물 한 방울이 있는 것 같다

나는 영원히 저
두 차례의 떨림과
두 차례의 경탄 사이에 머물고 싶다

텅 빈 허공, 한차례의 멈춤과 한 개의 틈새는
여태껏 무엇에도 닿지 않고
지금까지 그 모습을 바꾸지 않고
오로지 우뚝 서서 움직이지 않는다

얼음의 마음은
하나의 쌍음자(雙音字)에 얼어붙었다
막연한 영혼은
두 개의 중복 구절을 내버린다
말이 아니라 돌기둥을
돌기둥이 아니라 어두운 그림자를
어두운 그림자가 아니라 눈(雪)의 사색을
펼쳐낸다
무덤이든 아니면 폐허이든
그건 시간 밖의 적막

새벽을 기다린다
교회에 가길 기다리는 새 색시처럼
종소리가 울리기 시작하면
허공·멈춤·틈새가
동시에 우뚝 솟아
몸을 떨고 경탄하며
새 색시의 아름다움을 무시한다
그 누가 알겠는가
여명이 한 줄기 빛발, 한 줄기 거짓말인지
아니면 하나의 쌍음자(雙音字)인지를

사랑하는 그대, 나의 강아지가 죽었어
- 새끼손가락에게

사랑하는 그대, 나의 강아지가 죽었어
내가 떠난 뒤 어느 오후에 죽었어
아버지의 혁대에 목이 매달려 죽었어
홍색의 거짓말 속에서 죽었어

사랑하는 그대, 나의 강아지 이름은 호랑이었어
내 어릴 적 가장 친한 친구였지
그 녀석이 내게 준 기쁨과 슬픔은
다른 모든 것을 훨씬 능가해

그날 오후 아버지는 전대미문의 태도로
영화표 한 장을 내게 주었어
매일 혁명으로 바쁘던 아버지가
처음으로 날 감동시켰어

그러나 감동은 90분뿐이었지
거짓말의 흉칙함이 날 갈기갈기 찢었어
나의 강아지가 죽었어
내가 처음으로 감동한 아버지의 사랑 속에서 죽었어
그 고기는 우리 동네 꼬마 친구들에게 나눠줬고

그 가죽은 우리 집 대문 뒤에 쫙 펴져서 못이 박혔어
그렇게 생기발랄하던 나의 호랑이가
이젠 딱딱하고 차가운 문짝에 납작하게 접착되었어

나의 강아지가 죽었어
나의 동년은 그때 이후 소실되었어
난 이 음험한 세계를 향해
외마디 소리만 지를 수 있을 뿐 : "난 믿을 수 없어"

사랑하는 샤(霞), 그대는 날 위해
나의 강아지를 찾아 줄 수 있지?
난 믿어, 할 수 있을 거라고
꼭 할 수 있을 거야. 꼭!

아버지가 가져온 색동옷 - 나의 작은 발에게

설이라고
아버지가 저쪽 바닷가에서
자본주의의 화려한 세계에서
그대에게 아름다운 색동옷을 가져 왔지

설이라고
어머니가 이쪽 바닷가에서
사회주의 붉은 대지에서
그대에게 삼키기도 어려운 고생밥(憶苦飯)을 가져 왔지

나물죽을 억지로 삼키는 그대
색동옷 입기만을 기대하고 있었지
하지만 어머니는 색동옷을 상자 속에 갈무리하고
그대와 나에게 정치 수업을 시작하셨지

그대는 침묵하고, 저주하고, 눈물 흘렸지
밤새도록 울어도 어머니를 움직일 수 없었지
목은 쉬고, 눈물은 마르고, 마음은 죽어갔지
어머니는 의연히 노동에 힘쓰시며 적극적으로 강의하셨지

외할아버지의 죽음으로 어머니 마음에

무엇이 남았는지 그대는 몰랐지
어머니가 냉혹한 이유를
그대는 잘 생각해야 했어

몇 년 후 다시 설을 쇨 때
그대 옛날 상자를 몰래 열었지
짙은 장뇌 냄새가 영혼을 찌르고
색동옷은 여전히 바닥에 누워 있었지

의연히 참신한 건 그대 동년의 꿈
영원히 침통한 건 그대 성년의 마음
그대 색동옷을 꺼내 어머니에게 보여주려 하면서도
그대 감히 어머니의 상처를 건들지 못했지

사랑하는 어머니도 틀림없이 아실 거야
그 뒤 어머니가 그대에게 얼마나 아름다운 옷을 사줬어도
전 세계의 보배로 바꾸자고 해도
그대는 색동옷을 양보하지 않았을 거란 걸

절벽 - 아내에게

난 어느 절벽으로 쫓겨 올라 간다
날카로운 바윗날이 피부를 찌른다
어떤 명령이 날 그곳에 서서 함성을 지르게 한다
세계를 향해 최후통첩을 하게 한다

난 서 있을 수는 있지만 함성을 지를 수가 없다
난 함성을 지를 수는 있지만 서 있을 수가 없다
꼿꼿한 나의 몸은 굳어만 가고
미친 함성 소리는 수그러들기만 한다

깊고 깊은 가파름과 날카로움은
꼿꼿한 도전을 허락하지 않는다
신체의 극한은 양자택일을 강요하지만
절대의 명령은 양자겸득을 요구한다

선택, 희망 없는 몸부림
꼿꼿이 서서 함성을 지르다가, 온 몸이 부서지든지
까마득한 깊이를 향해 무릎을 꿇어야 한다
거대한 창공은 벌써 땅으로 무너져 내리고 있다

어린 시절 - 머리를 작게 땋은 샤(霞)에게

그대의 목소리는 나의 어린 시절 같다
부주의하게 부러뜨린 연필 심에는
가늘고 연약하게
독성 분말이 묻어 있다

그것은 한차례 미세한 파괴
아까워하거나 기억할 필요도 없이
그 홀로 겨울철
모기의 실종을 감당할 것이다

이처럼 잔혹한 유희에 마음 쓰지 않아도
어린 시절의 본능은 지나치게 날카롭다
감히 손가락 끝으로 감은 눈을 찌르고
감히 어떤 방식의 사망을 응시한다

어린 시절은 목 자르는 망나니의 별명
부주의하게 그처럼 많은 생명을 죽였다
아우슈비츠는 독일의 어린 시절에 불과하지만
인간의 죽음을 망상의 유희로 삼았다

인간의 두피로 만든 등롱을

성탄 예물로 아이들에게 선물하면
그들은 흥분하여 부모에게 입 맞추며
하느님의 은총이 내렸다고 생각할 것이다

우리는 모두 아이들을 사랑하고
연약한 생명을 아낀다
그러나 아이들의 마음은 너무나 강경하여
화염속의 돌처럼 일순간에 식어버린다

다시 조금 더 가까이 갈 수 있다면
- 26세의 샤(霞)에게

16층의 그 작은 집은
너무나 높아서, 언제나 계단을 오를 때마다
현기증이 난다
어느 날 밤
숨을 헐떡이며 그대의 높다란
별처럼 높다란 작은 집 앞에 서서
맹렬한 두근거림으로 문을 두드린다
그대 조용하게 내 앞에 서면
나는 당황하여 몸이 뻣뻣해진다
밤, 나의 용기는 말살된다

우리 두 사람 오래오래 얘기를 나누다가
별님조차 우리의 담론 속에서 물러갈 무렵
문득, 우리는 말없이 서로의 눈을 바라본다
정적은 짙은 안개처럼 먼 산을 삼키고
우리의 표정은 짙은 안개에 빠져들어
희뿌윰한 고사목 숲이 된다
육체와 영혼의 은밀한 떨림은
한차례 한차례 아주 힘든 탄식이 된다
찻잔을 잡은 그대의 작은 손은 창백하고
담배를 입에 문 나의 입술은 건조하다

그대는 날이 밝아올 때의 한기를 느낄 수 있겠지만
나는 밤이 이미 지나갔다고 느껴지지 않는다

이 작은 집은 너무나
갑작스러운 정적으로
우리는 작은 목소리도 내지 못한다
우리 사이의 거리가 조금 더 가까워질 수 있다면
아마도, 모든 것이 변하리라

많은 세월이 흐른 뒤
그대 나를 위해 한 마디 말 따위에 개의치 않고
소리 내어 통곡하며
나의 품으로 뛰어들어
나의 생명 깊은 곳으로 뛰어들어
완전한 여인이 되라
내가 그대의 몸
구석구석을 잘 알 때까지
그대가 내 영혼의 구김살 속
모든 먼지를 이해할 때까지

문 - 미친 누이에게

문은
이처럼 딱딱하게
수직으로 선 판대기를 열고 닫으며
매일, 나의 두 손을 기다린다

이와 같은 문
이와 같은 평평함
이와 같은 딱딱함
이와 같은 기다림이
어느 날 미친 증상을 보이며
더 이상 연인에게 열어주지 않고
더 이상 신음 소리를 막아주지 않을지도 몰라

누가 미친 문을 상상할 수 있을까
누가 문의 광기를 참을 수 있을까
열 수도 없고 닫을 수도 없는 문
열어야 할 때는 닫히고
닫아야 할 때는 열리는 문을

문은 바로 문이다
미친 문

기억을 잃고 주인을 거절하는 문
그건 정말 미쳤을까?

다시 한 번 신부가 되어 주오 - 나의 신부에게

그대 다시 한 번 나의 신부가 되어 주오
한 페이지로 된 책처럼 단순하게
나의 눈빛도 꿰뚫을 수 없는
한 페이지의 책

첫 번째 결혼의 선홍빛은
일찌감치 세월 속에서 퇴색했고
결혼식 흑백 사진만
아직도 선명한 빛으로 반짝인다

우리의 결혼식은 증인도 없었고
법률로 보증 받지도 못했고
또 하느님의 주목도 받지 못했다
사막에 우뚝 선 한 그루 나무처럼

우리의 신방은 한 칸의 죄수실
우리의 포옹과 키스엔
감시 경찰의 눈빛이 끼어들고
우리의 사랑은 숨을 데도 없었다

그러나 우리의 마음은 의연히 미치도록 두근거리고

신혼 밤에, 나는 다시 한번
눈물을 흘리며, 오열하며
그대를 위해 『폭풍의 언덕』을 낭송하리라

그렇게 작고 그렇게 차가운 발
- 나의 차갑고 조그만 발에게

그대 멀고 먼 길을 걸어가야
겨울의 철문 앞에 도달할 수 있다
그렇게 작은 발이 그렇게 먼 길을 걸어가서
그렇게 차가운 발이 그렇게 차가운 철문에 닿는 건
오직 한 번이라도 이 죄수를 만나기 위함이다

황량한 한 줄기 길은 망각 사이로 굽어들고
너덜거리는 돛은 잿빛 바다 위를 점점이 떠돈다
그대 무거운 책과 피로를 등에 지고
황혼으로 걸어 들어가 여명으로 걸어 나온다
그대의 발자국은 계속 죄수의 꿈속에 찍힌다

길을 나설 때마다 정성들여 빗은
그대의 긴 머리가 도도하게 나부낀다
바람이 불어와도 한 올도 헝클어지지 않는다
침중한 시간이 강제로 그대 발길을 잡아보려 해도
그대는 계속 길을 걷는다, 긴 머리는 한 올도 헝클어지지 않는다
그대는 발길로 철문을 돌파해야 한다
그대는 머리칼로 쇠 난간을 끊어야 한다

그대는 어떤 신념도 초월하는 강인함으로
우리들의 공백을 지탱해야 한다
1분 1초 시간의 흐름이
그대 발자국 속에서 영원하도록

나는 그대의 종신죄수 - 샤(霞)에게

제사(題辭) : 사랑하는 이여, 독재자의 감옥에 갇혀 시간이 더 연장되더라도 언제나 자유의 그 날까지 싸울 수 있다. 그러나 그대의 죄수가 되면 나는 때도 없이 그대의 감옥 바닥이 뚫리도록 앉아 있을 것이다.

사랑하는 이여, 나는 그대의 종신죄수
당신의 암흑 속에서 영원히 살 수 있기를
그대 혈액 속 찌끼에 기대 나는 생존하고
그대가 분비하는 애액에 기대 나는 생각한다

매일 방울방울 눈 녹은 물이 산골짝에서 떨어지는 듯한
그대의 심장 박동 소리를 듣는다
설령 내가 천년을 견뎌온 바위라 하더라도
그대는 밤낮 없이
방울방울, 나를 꿰뚫을 수 있다

나는 그대에게 진입하여
오직 암흑 속을 더듬어
그대가 마신 술로
그대를 찾는 시를 쓴다
나의 갈구는 소리를 들으려는 귀머거리의 갈구

사랑의 춤을 추며 그대의 몸에 깊이 빠져든다

나는 그대가 흡연할 때 시시각각
폐가 열리고 닫히는 모습을 느낄 수 있다
그 일정한 리듬은 나를 놀라게 한다
그대가 내뱉는 건 내 몸의 독소
내가 흡입하는 건 영혼을 키우는 신선한 공기

사랑하는 이여, 나는 그대의 종신죄수
태어나고 싶지 않은 영아처럼
따뜻한 자궁에 연연한다
그대를 통하여 호흡하고
그대를 통하여 편안해진다

오! 영아와 같은 죄수는
그대의 생명 깊은 곳에서
알코올이든 니코틴이든
그대의 적막 속에서 중독되는 건 전혀 두렵지 않다
나는 그대의 독소가 너무나 필요하다, 너무나

아마도, 그대의 죄수가 되어
영원히 태양을 못 볼 수도 있지만
나는 암흑이
나의 숙명임을 믿는다
오직 그대의 몸 속에서만
모든 것이 편안하다

바깥 세상은 밝고도 찬란하지만
밝음은 나를 두렵게 하고
찬란은 나를 싫증나게 한다
나의 눈빛은 그대의 암흑에만
충정을 바친다 –
단순하고도 분리되지 않게

그대의 폭발로…… - 샤(霞)에게

1

그대의 폭발로 떨어져 나온
파편으로라도 나를 구해줘
그대의 멸시는
나의 영혼을 드러나게 하여
오직 미약한 빛과
순간의 용서를 갈구하게 한다

비열함은 넓게 펼쳐져
이리떼가 다가오길 기다리고
투명한 공기 속에서 사망이 잉태한다
출생 때와 같은 목마름은
내 슬픈 세계를 강박하고
잉여가 된 언어는
묘비를 찾으며
쓰레기를 천당에 쏟아붓고
어구(語句)는 새의 깃털을 잃어버리게 만든다

2

그대의 폭발은 먼 곳에서 왔다

여정의 종착역은 아주 진실하지 않다
눈 앞에서 자라나는 육체의 제단은
얼마나 성대하고 찬란한가?
거의 두 발을 허공에 딛고
그대 떠나가는 그 순간부터
내가 귀가하는 그 길은
바로 바다가 되고
한 여류 시인의 저주가 된다
"그렇게 광대한 곳이라도
갈 수 없을 거야"

신앙의 창백함은 돌멩이
그 흩날리는 날개를 타고 오른다
그대의 폭발은 마치
옛날부터 지금까지 여전히
곰팡내를 풍겨온 형이상학적 욕망을 위한 것 같다
홍등가에 소크라테스의 머리를 벌여 놓고
불후의 순도자가 매음을 한다

3

그대의 폭발이 나를 어루만지자
지옥의 문이 쾅 하고 닫힌다
울음을 짠다, 내가 울음을 짤 때
치욕에 대한 그대의 주석은
한밤중 도마뱀붙이에 의해 염탐 당한다

요정의 노래 소리가 울릴 때
나는 벌써 귀를 잃어버렸다
시작도 끝도 없는 역사는
아, 폭발의 시간에
오직 영웅들을 위해서 기념비를 세우지만
결코 실패자의 무덤에
화초 몇 그루도 심지 않는다

사랑하는 이여, 일어나야 해
심연으로 통하는 다리가 무너지려 한다
그대의 폭발은 나의 의지를 꽉 깨물고 있다
의심은 시지프스의 바위에서 시작되고
신앙은 그대 잃어버린 대문 열쇠에서 시작된다
나는 모든 두려움과 원한을
그대에게, 오직 그대에게만 건네준다
가장 어두운 시간이
강림할 때 나의 머리를 다시 한번
고귀하게 쳐들게 해준다

4

그대는 나의 우언 속에서 폭발하였다
언어의 침전물은 카프카의
신비한 유언을 술회하고
사랑의 사시(史詩)는 미소 띤 키스에 상처를 입는다
지혜를 믿지 말라,

저 섹시한 지혜를
지혜는 공포의 사생아
언제나 철인 임금의 아버지를 찾고 있다
그러나 모든 간난신고를 겪은 어머니는
오직 치욕을 등지고서야 여생을 마칠 수 있다

나의 기억은 폐허 위에
잔존한 그림자처럼, 악몽에서
깨어난 입구에 우뚝 서 있다
반짝이는 도마뱀은
핏자국 테두리를 따라 기어간다
그 발자취는 아주 행복하다
그 속에 몸을 둔 그대를
차가운 눈으로 방관하는 관객으로 간주한다
악작극 같은 호기심으로
꽁초 위의 장엄함을 감상한다
누군가 거칠게 문을 두드리고
문틈 사이로 억지로
영원히 연결되지 않는 전화소리가 비집고 들어온다

5

사랑하는 이여
나는 그대의 폭발이 필요하다
예루살렘 통곡의 벽이
눈물을 필요로 하듯

담배와 그대 - 여러 번 금연 선언을 한 아내에게

일찌감치 인이 박였다
담배로 고독과 박투를 벌이고
혼령과 대화를 하는 그대
또 한 번 돌연 금연을
선언한다
그 결정은 나를 당황스럽게 한다
왜냐하면 옥중의 나에게는
더 이상 고운 꽃과 적포도주도 없고
내가 줄 수 있는 것은
오직 담배뿐이기 때문이다

담배 없는 날은
아이를 잃어버린 엄마와 같다
정결한 공기는 그처럼 무미건조하고
펜 끝 아래의 어휘는 그처럼 흉악하다
파괴되는 건
시간도 아니고 영혼도 아니고
아득한 연무 속의
항쟁과 그리움이다

어린 시절 그대는, 설을 쇨 때

새 옷도 없었다
낙제한 여고생은
어떤 선물도 받을 수 없었다
외할아버지의 유언은 단지
악몽으로부터의 돌연한 깨어남일 뿐
인정받지 못한 신부는
옥중의 남편을 만날 수 없다
어려서부터 박탈당한 그대에게
절대의 고독 속에서 남은 건
오직 담배뿐

사랑하는 이여, 제발 부탁하건대
절대 금연할 생각은 말라
나에 대한 그리움과 그대 자신에게 겨우 남은 재산을
근절시키지 말라
담배 없는 시각의
시계 바늘은 더 이상 날카롭지 않다
그리고 그대는 담배연기의
흩어짐 속에서
절망속의 희망을 얼마나 많이 느끼고 싶을까

사랑하는 이여, 담배는
우리의 기억
니코틴의 독성은
우리의 유일한 영양분
피우자, 피우자, 피우자

담배의 단순함은
1만 번의 탄생과 맞먹을 수 있다

그대는 줄곧 추위에 떨고
- 추위에 떠는 작은 발에게

사랑하는 이여, 한여름 황혼 속에서
나는 그대 몸의 얼음을 본다
그대는 줄곧 추위에 떤다
방금 태어났을 때
발바닥이 서늘한 것처럼

또 어느 여름날
처음으로 그대 손을 잡았을 때
처음으로 그대 얼굴에 입맞춤을 했을 때
나는 거의 그대 전율에 얼어붙어서
그대의 혈액 속에
북풍이 불고 눈꽃이 휘날리는 줄 알았다
또 그대 어머니가 자궁 속에
한 덩이 수정을 임신한 것으로 생각했다

매일 밤, 잠들기 전
나는 그대의 손발을 녹여야 한다
키스할 때의 기침엔 서리가 달려 있고
오르가즘 이후의 미소는
빙산의 섬광과 같다

그대의 발가락에 의해
나의 심장 박동은 얼어붙는다
나는 어떻게 해야
그대가 녹아내리는지 알 수 없다

그대는 술집 자욱한 연무 속에서
투명한 얼음 한 덩이를
나의 술잔에 넣어준다
한 줄기 기포가 솟아오르면
그대의 눈빛은 서늘해진다
나는 이 순간 그대가
티벳 고원을 생각한다는 걸 안다
산정의 적설이 녹아 작은 시내가 되고
시내는 청량하게 그대의 몸을 꿰뚫는다
눈사태에 깔려 죽은 등산가들은
얼굴의 표정이 영원히 침착하다

지금, 나는 감옥에 갇혀 있어
그대의 손발을 녹여줄 수 없다
그러나, 그대에 관한 기억은
모두 빙설(氷雪)과 인연을 맺고 있다
그대에 대한 사랑은 빙점에 모여 있고
그대에 대한 자괴감은
추위로 얼어터진 대지와 같다
내가 그대의 눈빛에 친숙한 것은
눈송이가 겨울 마른 가지와 친숙한 것과 같다

사랑하는 이여
그대의 일생은 너무 차갑다
따뜻하게 해줄 방법도 없고 따뜻하게 해줄 필요도 없다
녹여줄 방법도 없고 녹여줄 필요도 없다
오직 나만이 이 빙설(氷雪)의 생명이
무엇을 의미하는지 알고 있다

그대 · 혼령(亡靈) · 실패자 - 나의 아내에게

사랑하는 이여
그대는 종일 무덤 사이를 편력하며
바람 속 혼령과
묵묵히 마주한다
아주 깊숙한 주시가
피차의 피를 응고시킨다
이 철저한 실패자들은
이름과 역사를 남기지 못한다

밤이 되자, 그대 잔 속의 술이
조금 취해 모닥불로 변하여
혼령들을 위해
제한된 공간을 밝혀주고 있다
혼령들은 생명을 이야기하고
그대는 고난에 귀 기울인다
피차 침착한 모습은
아이들이 숙면할 때의
두 손과 같다

꿈의 뾰족한 꼭대기에서
또 몬스테라의 여린 잎이 자란다

그것의 자살은 끝내 성공하지 못하였다
그대
실패자에게 연연하는 여인은
오히려 여태껏 실패한 적이 없다
왜냐하면 시체의 미소 속에서
영원히 실패하지 않는 것이
오직 죽음뿐이란 걸
알게 되었기 때문이다

비오는 밤을 홀로 걸으면
대화를 나눌 그림자도 없다
거짓말은 햇볕을 장식하고
모든 것은 번쩍번쩍 썩어가지만
대낮이 밤중보다 더욱 흉악하여
구해줄 사람은 아무도 없다

사랑하는 이여
자신을 폐쇄시키지 말아줘
그대 홀로 실패자의 절망을
질투하지 말아줘
그대의 대문을 활짝 열고
나를 실패자로 받아들여줘
나를 그대가 앞으로 살아갈
비참한 이유로 삼아 줘
편안한 담배 연기가
그대와 나 사이에 피어오르도록

먼지와 함께 나를 기다린다
- 종일토록 기다리는 아내에게

그대는 아무 것도 가진 것 없이, 오직
집안의 먼지와 함께 나를 기다린다
먼지들은 겹겹이
모든 구석에까지 가득 쌓여 있다
그대는 햇볕이 먼지의 평화를 뒤흔들까봐
커텐 걷기를 원하지 않는다

책장의 글씨는 먼지에 덮였고
카펫의 그림도 먼지를 가득 흡입하였다
그대는 내게 편지를 쓸 때
펜 끝으로 먼지 몇 점을 찍어서
내 눈을 아프게 하기를 좋아한다

그대는 마음대로 움직이지 않고
먼지가 자신의 발에 밟혀 아파할까봐
온종일 단정히 앉아 있기를 원한다
그대는 가능한 한 평온하게 호흡하며
침묵으로 한 편의 이야기를 엮어낸다
사람을 질식시키는 이런 세월 속에서
먼지들은 얼마 남지 않은 충성을 바친다

먼지는 그대의 눈빛, 호흡, 시간 속에
가득 스며 있다
그대의 영혼 깊은 곳에서
하루 하루 조성된 무덤은
발바닥으로부터 한 치 한 치 쌓여서
곧바로 가슴과 목구멍까지 차오른다

그대는, 무덤이
그대의 마지막 귀의처란 걸 안다
그곳에서 나를 기다리면
어떤 경악도 발생하지 않는다
그대는 정말 먼지에 대해 자기만의 충정을 갖고 있다
암흑 속에서 안정 속에서 질식 속에서
나를 기다리고 기다린다

먼지와 함께 나를 기다리며
햇볕과 공기의 흐름을 거절한다
먼지가 자신을 철저히 파묻게 하고
자신은 먼지 속에서 잠이 든 뒤에
내가 돌아가는 날
비로소 깨어
죽은 뒤 부활한 기적과 같이
피부와 영혼의 먼지를 털어내리라

탐욕스런 죄수 - 박탈당한 아내에게

한 죄수가
그대의 생활을 점령했다
이처럼 탐욕스럽고 잔인하게
그대 자신을 위해
꽃 한 다발 초콜렛 한 개
아름다운 새 옷 한 벌 사는 것도 허락하지 않는다
그는 그대에게 시간을 주지 않는다
1분의 시간도 주지 않는다

그는 그대를 수중의 담배로 여기며
깨끗하게 빨아댄다
담뱃재조차 그대 자신에게 속하지 못하게 한다
그의 몸은 공산당의 감옥에 있지만
그대를 위해 영혼의 감옥을 짓는다
문도 없고 창도 없고
한 가닥 작은 틈새도 없다
그대를 곰팡이가 필 때까지
고독 속에 가둬두려 한다

그는 그대를 핍박하여 시체의 고발 속에서
모든 밤을 참고 견디게 한다

그는 그대의 펜을 통제하여
끊임없이 편지를 쓰게 하고
절망적으로 희망을 찾게 한다
그대의 고통은 발로 짓밟혀
그의 무료함을 달래주는 유일한 취미가 된다

그대의 그 새는
그대의 손바닥
복잡한 손금 속에서 길을 잃고
네 가닥 굵은 손금에 의해 포박된다
그 손금 모두가
그대를 기만한 적이 있다

눈에 아무 것도 뵈지 않는 이 독재자는
그대의 시체를 약탈하고
하룻밤 사이에 백발이 머리끝까지 덮혔다
그의 전설과 신화가 날조되고
그가 자신의 공덕이 완벽하다고 여길 때
그대는 이미 아무 것도 가진 게 없다
그러나 이 죄수는 여전히
그대의 텅 빈 미래를 죽어라고 붙잡고 있다

또 날짜가 되면
그는 또 명령을 내린다
그대는 또 혼자서 길을 나선다
신체도 없이 기억도 없이

빈궁해진 생명을 이용하여
그에게 가져다 줄
무거운 책을 지고 길을 나선다
그는 아주 기회를 잡는데 뛰어나서
여태껏 그대를 박탈할 기회를
한 번도 놓친 적이 없다

사랑하는
나의 아내여
이 속세의
모든 비열한 자 중에서
그대는 왜
오직 나만을 골라 모든 걸 참아내는가?

장난감 인형들에게 호소하다
- 매일 인형과 노는 샤(霞)에게

인형들을 즐겁게 하기 위해
그대는 한 줄기 직선을
풀 수 없는 실꾸러미로 뭉친다
그대는 어떤 언어로 그들에게
시간의 비밀을 이야기해야 할지 모른다
저 시간을 사칭하는 날들에는
시끄러운 원초의 한순간이
가득 차 있다
그것은 하느님이 아직
짓궂은 마음으로
만물을 창조하지 않은 시각

인형의 몸속에 기거하며
자살의 방식으로
인형의 내장을 모두 끄집어 낸 뒤
담배 꽁초를 가득 채우고
그것들로 하여금 한차례 타살 놀이를 하게 한다
그러나 그대는 인형들이 전복한
자신만의 어구(語句)를 사용한다

인형들에게 호소한다
진실한 감정은 묻어두고
이름만 남기거나
대응한 사실을
깡그리 내던져 버리라고
인형은 인형일 뿐
『성(城)』을 쓴 그 사람의 이름이
카프카인지 아닌지
무슨 관계가 있겠는가?

카미유 클로델이 류샤(劉霞)에게
- 나의 아내에게

나보다 행복한 여인은
틀림없이 나의 광증보다 백배나
나의 조각칼이 비틀어버린 인체를
조각조각 부수어, 사랑의 무덤에 가득 뿌린다
부질없이 지켜온 치정은 모든 부패를 흡입한다

나보다 비참한 여인은
틀림없이 나의 각성보다 백배나
한낮에 대한 햇볕의 배반을 용서하고
지옥문의 이마를 믿지만
사상가의 왜소함을 가릴 수 없다

그 누가 내 무덤의 적막을 교란하는가?
나를 위해 울어주는 여인인가?
나에게 낯선 지기(知己)는, 그대인가?
틀림없이 그대
잔인한 위로는 나를 행복하게 하고
죽은 후 처음으로
지난날의 격정을 추억한다

그 누가 나의 죄악을 배반하려 하는가
내가 감동시킨 여인인가?
바로 그대! 나는 진흙에 의지하여 그대를 알아본다
바로 그대! 나는 청동에 의지하여 그대를 가리킨다
진흙과 청동을 문질러 털어낸 나의 두 손은
너무 많은 고난과 배반을 문질러 털어낸 적이 있고
거칠게 그대의 뼈를 분지른다

낯선 지기(知己)여, 제발
나의 상처를 위해 시를 쓰지 말라
그대 충분하게 잔인하다면
날카롭게 모가 난 소금 한 줌을 뿌려
나로 하여금 맑은 각성의 화끈거리는 통증 속에서
미완성의 희생을 완성하게 해다오

다시 한 번 제발 부탁한다
단호함은 바로 단호함이니 계속 단호함으로 직진하기를
영원은 영원일 뿐이니 계속 영원으로 직진하기를
나의 조각칼과 광증으로
사랑을 십자가에 새겨 넣고
오직 죽음의 치욕만 남고
부활의 영광은 다시 없기를

그대는 나에 의해 빚어진
또한 나를 빚어낸 여인

스비타예바가 류샤에게 - 나의 아내에게

나를 따르지 말라
나의 목맴은 자살이 아니다
바다와 백사장의 공모
시간은 벌써 배반을 획책한다

나의 문을 두드린다 해도
그대의 작은 손으론 열 수가 없다
그렇게 무거운 문짝엔
커다란 녹슨 자물쇠가 달려 있다

젊은 시절
나의 아름다움을 아무도 칭찬하지 않았다
나이가 들어도
나의 지혜를 아무도 이해하지 못한다
옛날 신과 같은 어떤 시인이
나와 함께 날아오르려는 순간
서로 간의 간극이 점점 벌어졌다
그에게는 깃털이 있었지만
나에게는 날개가 없었다

단조로운 암흑 속에서

문 밖의 소음을 귀 기울여 듣는다
순수한 고독은 수시로
삼켜지는 공포를 감상한다
나의 생명은 겨우 하나의 시어
치명적인 한계를 그려내는 하나의 시어일 뿐

홍색 사막에서 자란 소녀야
무덤에서 보내는 나의 문안 인사를 받아 다오
광적인 혁명은 우리들에게
지나치게 조야(粗野)한 주름살을 새겨준다
아름다움이란 한 줄기 가죽 채찍
그대도 고함치고 신음하고 발버둥 치며
시가 그대를 먼 곳으로 데려 가게 해야 한다

나는 그대가
거짓말 속에서 출생한 것을 안다
그날, 또 그 시대에
우리의 기억은 공통의 악몽이 서려 있다
시간은 적의(敵意)로 충만하였고
이리의 세기는 우리가 도망치도록 핍박하였다
영혼은
오히려 투명함 속에 멈추어 있지만
그 음성은 모든 것을 꿰뚫을 수 있다

나는 또 그대가
새 옷도 입을 수 없었던 계집애로부터

면회를 위해 감옥을 오고 가는 아내가 되었음을 안다
그대는 릴케를 이용하여 사랑을 표현했고
나는 신앙을 이용하여 릴케를 표현하였다
우리 사이의 공백은 릴케로 가득 채워졌지만
그대의 릴케는 아주 행복하였고
나의 릴케는 아주 쓸쓸하였다
행복과 쓸쓸함을 오직 한 사람에게서 취하나니
그대는 찾았지만
나는 실패하였다

류샤가 마사(瑪莎)에게 - 나의 아내에게

　제사(題辭) : 오늘 농구를 한 시간 하고 나서 정말 피곤하였다. 허리도 아프고 사지도 무기력 했다. 정오에 자리에 누웠는데 눈을 떠보니 오후 1시가 가까워오고 있었다. 아마 잠들기 10여분 쯤 전인가, 어렴풋한 꿈속에서 그대가 어떤 미용실 의자에 앉아 있는 것을 보았다. 미용사가 머리 손질을 시작하려 하자 그대는 갑자기 몸에 걸치고 있던 흰 천을 벗어 던지고 울면서 유리문을 박차고 나갔다. 거리에는 사람과 차들이 가득 붐비고 있었다. 그대는 길가에 멍하니 서서 눈물을 흘리며 마음 속으로 유태 소녀 마사(瑪莎)에게 주는 시 한 수를 읊고 있었다.

　당신은 갑자기 나타났다
　마사여
　나이를 따져보면
　오늘날 당신은 너무 늙어서
　나의 할머니라 해야 하리라
　그러나, 매번
　나에게 보내주는 것은
　모두 소녀의 선물이다
　초콜렛과
　못난이 인형……

지금은
벌써 세기말
나는 분주한 대로변
환한 미용실에 앉아
몇 백 웬(元)의 돈을 쓰고 있다
아마, 광적으로 자라나는 백발과
나날이 쇠잔해가는 나이는
현대의 마법 속으로 사라지리라

갑자기
맞은편 거울 속에서
나는 당신을 보았다, 마사여
선연한 빨간 치마를 입고
내게서 멀어져 가고 있었다
나는 당신의 얼굴은 볼 수 없었고
뒷모습만 그렇게 선명하게
나의 두 눈을 아프게 찌르고 있었다
마치, 당신이 바로 나의 할머니인 것 같았다

당신은 그렇게 어린 나이에도 절약할 줄 알았다
빵
초콜렛
눈물 방울
신앙의 촛불
절약할 수 있는 건, 모두 절약했다
절약할 수 없는 것에도, 당신은 인색했다

당신은 절약한 모든 것을
내게 선물로 주었다
아무 것도 없는 당신은
시체를 태우는 소각로 앞에 조용히 서 있었다
한 줌 한 줌 잿더미 속에서
하느님이 모습을 드러내고 있었다

마사여
나의 어린 동생이여
만약 당신이 바로 나의 할머니라면
내게 이렇게 말하리라
"아가야, 나는 늙었다
그러나 수용소의 내 소녀 시대에
난 아직 살아 있었다
하느님께서 그렇게 인자하여
내가 절약한 모든 것을 받아주셨기 때문이다."

부기(附記) : 사랑하는 마누라, 나는 그대의 말투를 흉내내어 쓴 나의 시에 감동을 받는다. 눈물 속에서 나는 그대 혼자서 옛날 길을 건널 때의 두려움과 긴장감을 버리고 눈물을 흘리며 군중과 자동차 물결을 뚫고, 물욕이 횡행하는 도시를 뚫고, 감시하는 경찰을 뚫고…… 그처럼 단호하고도 두려움 없이, 또 그처럼 바쁘고도 절박하다는 듯이, 겨우 남은 생명만을 붙잡기 위해 반 세기의 세월을 뚫고 임종 전에 마사의 무덤에 도착하여 빵과 초콜렛과 붉은 촛불 그리고 골수와 백발에 깊이 새겨진 기억과 참회를 바치는 걸

보았다. 마사의 영혼이 그대의 선물을 받을 것임을…… 나는 믿는다.

세계를 찌르는 한 자루의 칼 - 나의 샤(霞)에게

그대는 한 자루의 칼
여태껏 아무에게도
상처를 줄 수 없었던 작은 칼
세계 속으로 찔러 넣어도
핏자국도 없고, 베어지지도 않고
사람의 눈만 현란할 뿐
자기의 원형만 드러낼 뿐
부패에 한 줄기 차가운 빛만 남겨줄 뿐이다
그대는 늘 떠들썩한 시장과 환희의 연회 속에 몸을 두지만
마음은 언제나 먼 곳으로 떠난다
칼 끝의 반짝임은 전혀 눈부시지 않지만
언제나 그대로 하여금 구름 속에 단정히 앉아
개미 떼를 내려다보는 느낌을 갖게 한다
떨어진 모자가 깊은 계곡으로 사라진다

한 자루의 칼은
그대의 유일한 천품
검은 그림자 속에서 상처를 치료하고
책 속에서 사지를 뻗는다
섬세하고 찬란하다

한 자루의 칼은
여태껏 칼집이 없었다
그대가 자신의 존재를 깊이 믿는 건
일종의 위험이다
매일 짓는 미소도
사람을 곤경에 빠뜨릴 수 있다

세상 밖에 몸을 둔 방관자처럼
냉담하고 유연하다
놀라운 날카로움과
놀라운 아름다움은
모두 칼날 반대편에 있다

시몬 베유와 함께 기다리다 - 누이에게

제사(題辭) : 우리가 함께 읽은 첫 번째 베유의 책은 『기다림 속에서』이다. 그녀는 기독교 신자는 아니지만 하느님에 대해서 다른 사람들이 미칠 수 없는 경건함을 가지고 있었다. 나는 아무래도 그녀가 이지적이기 때문에 좋아하지만, 그대는 그녀와 그대가 모두 여성으로서 사랑의 기다림 속에 있기 때문에 좋아하는 것이란 확신이 든다.

그대는 시몬 베유와 교감한다
어떤 배경과 지식도 필요없이
그대들은 모두 여성이다
고통스럽고 고독한 시각에
그대들은 여성이다
사랑을 위해 기다리는 시각에
그대들은 더욱 더 여성이다

그대들은 여성이다
여태껏 하와의 원죄를 피하지 않았다
그러나 이 원죄는
사랑과 믿음의 원천인 것 같다
눈 속에는 마르지 않는 눈물이 있고
자궁 속에는 끊임없이 흘러나오는 피가 있다

기다림 속의 그대는
바로 기다림 속의 그녀이다

한 권의 책이
모든 밤을 폐쇄시킨다
몬스테라의 여린 잎에
하느님의 잠언이 자라난다
천지간의 공백을 잡고
날개의 비상도 없이
천사의 자태보다 더욱 가까이 천당으로 다가간다

시몬 베유는 죽었다, 동포의
고난을 짊어지고 죽었다
그대가 살아가는 건
그녀의 유작을 독파하기 위함이다
그대들은 함께
한 조각 빵을 나눠 먹으며
기적이 일어나기를 여태껏
사치스럽게 바라지 않았지만
곧 틀림없이 기적이 일어나리라

반 고호와 그대 - 샤(霞)에게

그대의 글씨는 언제나 나를 자비감에 젖게 한다
편지 속 절망은 알아채기가 어렵고
필획은 완벽한 아름다움을 지향한다
반 고호의 해바라기는, 그대의 펜에 의해 생긴
손가락의 굵은 굳은살에서 자란다

그 빈 의자는 아주 진귀하지만
그대가 독서하고 글을 쓰는 장소는 아니다
자세를 바꾸는 건 바로
기억을 바꾸는 것이다
그대는 편안하게 약탈을 마주하고
혼자서 반 고호의 그림을 감상한다

매일 심장박동을 이용하여 걸으며
한 걸음만 더 내딛으면 바로 막다른 골목이라고 생각한다
벽에 부딪칠 것 같은 예감이 그대를 인도한다
사랑의 반대편에서
죽음의 또 다른 면에서
반 고호의 파종자는
방금 싹이 튼 씨앗에 의해 파괴된다

그대에게는

방이 천당과 같아서
밖에서의 귀가는
마치 구원과 같다
아무도 혼령을 애도하지 않는 시각에
모든 사람들은 가수가 되지만
오직 그대만 침묵하며
그 빈 의자를 지키고 있다

피비린내의 기억은 목구멍에 재갈을 물린다
시어는 짜고
목소리는 검다
전천후 미행과
대뇌 속 감시기관도
그대의 펜과 그림 속 대설(大雪)을
빼앗아가지 못한다

반 고호가 자른 귀가 비상하여
그대를 위해 한 가지 색깔을 찾고 있다
진흙으로 범벅이 된 농사용 신발은
굼뜨게 발길을 옮기며
그대를 예수살렘 통곡의 벽으로 인도하고 있다

에밀리 브론테와 우리 두 사람
- 내가 읽어주는 『폭풍의 언덕』을 듣고 있는 샤(霞)에게

영어 알파벳의 발음이
나의 이빨 틈에서 기도한다
한자의 형상이
그대 펜 끝에서 장송곡을 부른다
황무지에 관한 한 권의 책이
그대와 나를 오래된 벽난로 곁으로 이끈다

오랜 시간이 흘렀다
낮게 늘어뜨린 그 긴 머리와
화염 속으로 떨어진 빗
에밀리가 세상을 떠날 때
도마뱀붙이 한 마리가 촛불을 기어오르고 있었다
편안하고 한가롭게

인간의 언어로 추모를 시도하는
메테를링크를 본받지 말라
황무지상의 적나라한 격정은
꽃다발의 장식을 필요로 하지 않는다
한밤의 정적은 감정을 풀어내기에 족하지만
그처럼 광포한 바람은

부서진 그림자들을 서로 서로 물어뜯게 한다

에밀리는 우리에게 가르쳐 준다
잿더미가 된 언어 없이는
죽음과 대화할 방법이 없다는 걸

마르그리트 뒤라스가 류샤(劉霞)에게
- 황색 피부의 남자를 사랑한 적이 있는 백색 피부의 여인이 한 황색 피부의 여인에게 주는 유서 - 뒤라스에게 푹 빠진 나의 누이에게

네가 처음 나를 읽었을 때
나는 벌써 늙었다
네가 막 여인이 되었을 때
너와 나 사이의 차이는
우리의 피부색과 같았다
이처럼 거친 백색 피부는
그처럼 멀리서
네 고운 황색 피부에 스며들어
나의 주름살에 부끄러움이 가득 차게 하였다
이 곰팡이 냄새가
네게 무슨 소용이 있겠는가?

네가 나를 사랑하게 되었을 때
나는 벌써 마지막 숨을 몰아쉬고 있었다
네 사랑을 아직 고백하지도 못했을 때
나는 벌써 죽었다, 독한 술의 광란과
창작의 환상 속에서 죽었다
그러나 너는, 아직도 저 아득한 심취 속에서
나의 고독에 관심을 기울이며

나의 유물을
철창 뒤 네 애인에게 부쳐주었다

사랑의 격정은
일찌감치 사랑의 절망에 의해 부서졌다
나는 몰락한지 이미 오래 된 폐허
오직 추모자의 꿈속에서만 출현한다
침묵은 오직 너와 나에게만 속할 뿐
조물주에 의해 여인으로 일컬어진
우리 민감한 동물에게만 속할 뿐이다
우리는 사랑으로 창작한다
여인의 가장 본능적인 자궁의 언어로
생활의 반면(反面)을 서술한다

내 몸은 벌써 썩었지만
무덤은 나를 유달리 탐욕스럽게 만들었다
나, 돈 무더기 꼭대기에 앉은 늙은 부인은
유령으로 유산을 지킬 정도로 인색하게 굴며
처녀와 같은 한 줄기 영혼을 사려고 하였다

태평양 건너 말로만 듣던 만리장성에서
나는 너를 발견했다
황색 피부의 젊은 아가씨
너는 죽음의 환각으로 진입하고 있었다
지옥의 유혹을 떨쳐버릴 수 없는 그것이
오만을 부릴 만한 가치가 있는 너와 나의 유일한 방종

나는 네 손에 들려 있는
흰 색 약을 보았다
모두 아주 깨끗하다, 깨끗하여
벌써 죽음에 몸을 맡긴 것 같다
나도 일찍이 무수히
이처럼 죽음을 단단히 움켜쥔 적이 있다
매번 손을 풀고 나면 끝없는 후회가 밀려왔다

황색 피부의 가시내야, 넌 너무 젊다
내가 동방의 애인 품에 뛰어들 때처럼
너의 손은 너무 작아, 죽음을 잡을 수 없고
절망의 시각 그 일 분 일 초를 잡을 수 없다
너는 너무 단순하다, 단순하여
나처럼 단순한 사람조차 믿기 어렵다
너의 남자는 격정과 몽상을 이용하여
모래톱 위에 영혼의 집을 짓고 있다
네가 진입을 생각할 겨를도 없이
오로지 붕괴하여
질식사하기만 기다린다

그건 마치 내가 오로지 알콜 중독에만
집착하는 것과 같다

나의 날카로운 손톱은
무덤 속에서 너를 잡아챘다
너는 나의 계승자

나의 유일한 유산 관리인
나는 가난했던 시절이 매우 부끄러웠다
사랑의 격정조차도 나의 책 페이지 사이에서는 회백색이나
너는 부유해질 것이다
너는 내가 취한 후에 토해낸
모든 글자를 분명하게 들을 수 있다
너를 세상과 격절된 암흑 속으로 진입하게 하여
맹목적으로 글을 쓰게 할 것이다

한 진정한 여인의 창작은
배고픈 동물의 먹이 사냥과
목마른 아기의 젖꼭지 물어뜯기와 같다
창작, 다만 우리는 여인이기 때문에
탄생할 때 바로
신성(神聖)을 범한다
황색 피부의 가시내야, 꼭 기억하렴
하느님의 추방령은 오직
우리의 시조-하와에게만 행해진 것
아담은 단지 사죄에 그쳤을 뿐이다
우리는 영원히 뱀의 유혹을 이겨내지 못하나니
우리가 바로 뱀이다
뱀과 같은
교활함 부드러움 음험함 악독함을 갖고 있다
어떤 시 어떤 그림 어떤 음악도
모두 여인, 오직 여인일 뿐

나는 아주 탐욕스럽다고 하였다
나의 뼈들은 모두 허구 속에 있다
네가 장차 나의 무덤 앞에 올 때는
네 최후의 시 한 수를
한 그루 나무로 바꾸어, 나의
진토 속에 심어다오

외할아버지에게(샤오보가 류샤를 모방하여)
- 외할아버지를 뵌 적이 없는 샤(霞)에게

제사(題辭) : 사랑하는 이여, 그대는 늘 나에게 한 번도 뵌 적은 없지만 마치 그대를 키워준 것처럼 느껴지는 그대의 외할아버지 애기를 해주었다. 그러나 그 분에 대한 그대의 이해는 아주 제한적이었다. 즉 그분은 일찍이 고등사범학교에서 공부했고 '5·4' 운동에 참가했다가 체포된 학생 중의 한 사람이었다. 나중에 그분은 개명한 지방 관리가 되어 민국(民國) 시기에 현장(縣長)으로 재직하며 농장과 학교를 경영하였다. 1949년 이후에는 '역사적 반혁명 분자'로 단정되어 50년대 초에 붉은 감옥에서 고독하게 세상을 떠났다. 외할아버지는 딸 네 명과 아들 한 명을 두었지만 그들은 그대에게 외할아버지의 애기를 잘 해주지 않았다. 이 때문에 그대는 자신의 어머니를 아주 원망하였다. 외할아버지는 그대 마음속의 지울 수 없는 혼령이 되었다. 시간이 오래 흘러 그대의 외할아버지는 나의 외할아버지가 되었다. – 가족으로서의 유전이 아니라 정신적 혈연으로서의 외할아버지가 되었다. 감옥에서 나는 그대에게 외할아버지에 관한 많은 글을 써 보냈다. 그의 혼령은 진정한 나의 선조가 되었다.

외할아버지, 저는 당신을 뵌 적이 없습니다

어머니께서는 당신에 관한 어떤 이야기도
들려주지 않았습니다
때때로, 나는 고의적으로
온 가족 앞에서 당신 얘기를 꺼낸 뒤
어머니의 두 눈을 응시합니다
무엇을 알아내려는 건지 저도 모릅니다
붉은 감옥에서 돌아가신 당신은
고독하게, 유언도 없으셨습니다
어머니의 눈에서는
계수나무 아래의 노인과
제 기억 속에서 떨쳐버릴 수 없는
검은 그림자를 찾을 수 없습니다

외할아버지, 이 방은 너무나 협소하여
자손들에게 남기고 싶은 당신의 유언도 다 담을 수 없습니다
제가 당신에게 드릴 수 있는 건
암흑의 고독 속에서 당신을 위해
울다가 빨개진 제 두 눈과
감옥 속의 남편을 위해
고통스럽게 투쟁하는 영혼뿐입니다

외할아버지, 담배 태우십니까?
태우지 못하시더라도, 이 시각엔
당신의 외손녀와 함께 한 대만 태우시죠
외할아버지, 술은 잘 드시겠죠

왜냐하면 제 혈액 속에는
진한 알콜이 유전되고 있어서
우리 할머니의 뒤라스가 되어 독한 술에
죽을 수도 있기 때문이죠, 할머니는 제게 시를 써 준 적이 있고
또 어떻게 술로 시를 쓰는지 가르쳐주셨죠
제가 어릴 때부터 술을 좋아하게 된 게
당신과 할머니의 공모가 아닙니까?

외할아버지, 그렇게 엄숙하게 바라보지 마세요
제 영혼은 당신의 응시를 견딜 수 없습니다
어느 날 밤, 투명한 어둠 속에서
저는 당신에게 환희의 미소를 드릴 수 있습니다
기다란 얼굴로
가능한 한 표정을 과장해서
저의 못난이 인형과 함께
당신의 혼령에게 기도를 드리겠습니다
절대 옛 일을 얘기하진 마세요
거울 속의 제가 이미 얼굴 가득 눈물을 흘리더라도
저를 용서하세요, 외할아버지
절망은 바로 추억과 그리움입니다
비바람이 몰아치는 캄캄한 밤
저의 암흑은 당신으로 인해 밝아집니다

꿈속의 계수나무는
당신 고가(古家)의 창 앞에 우뚝 서 있고

펼쳐지지 않은 잎새는
당신 자손들의 수치가 됩니다
저로 하여금 당신의 지팡이를 만들게 하는 건
하늘이 내게 하사한 커다란 상
당신께서 정말 하늘을 배회하신다면
저는 비상하는 새의 날개로
너무나 길게 자란 당신의 손톱을 잘라 드리겠습니다
당신께서 아직 지하에 깨어 계시면
바위의 굳건함과 진흙의 축축함이 바로
제가 당신께 드리는 호소입니다
당신의 원혼에 다가가기 위하여
저는 개미나 지렁이가 되길 원합니다

외할아버지, 저는 압니다
설령 그리움 속에서 써낸 불후의 시구가
그 공포의 시대와 비견되더라도
그건 분명 지나치게 우아하고 지나치게 겁이 많을 겁니다
제게 익숙한 철창과
당신의 기대에 찬 눈빛 속으로
자손들의 왜곡된 모습이 거꾸로 비칩니다
당신이 남겨 놓은 시간은
눈물과 참회에 젖어들지 않고
오히려 냉담과 도피의 망각 속에서
눈꼴사나운 공백으로 변하였습니다

외할아버지, 보이시죠?

제 주위에는 밤낮없이 감시 경찰이 지키고 있습니다
그들은 저를 손바닥처럼 환하게 들여다봅니다
가택 수색 때, 모든 구석까지 조사하고
제 글자의 흔적까지 거의 깨끗이 약탈해갔지만
당신의 유언은 찾지 못했습니다
광활한 어둠은 오직 당신과 저와 함께 존재하고
당신의 생명은 저보다 훨씬 부유합니다
여인들이 반드시 월경을 견뎌내듯
저도 당신의 저주를 받아들이겠습니다
저는 당신의 유언을 잘 보존하여
어머니 대신 당신의 무덤에 무릎을 꿇겠습니다

왕샤오보(王小波)를 애도하며
- 왕샤오보를 위해 시를 쓴 샤(霞)에게

제사(題辭) : 사랑하는 이여, 그대의 편지를 읽고 왕샤오보의 죽음을 알았고, 그대가 샤오보를 위해 쓴 시도 보았다. 운명은 아주 지랄 같이 불공평하여, 이처럼 무감각한 우리 민족 가운데서 고통스럽게 양심을 느낄 수 있는 몇 안 되는 사람에게조차 이처럼 무정하다. 그러나 죽음이 샤오보에게 이승의 구속을 깨끗이 벗어던지는 사면이 되길 바란다.

그의 죽음은 그대의 편지에서
오랜 황무지 풍경 같아서
아주 비사실적으로 느껴졌다
사람이, 어떻게 갔다는 말 한마디로 그냥 사라질 수 있는가
죽음이 이처럼 돌연하고 깔끔한 것인가

세상과 격리되어 있는 나, 죄수에겐
그의 죽음을 추측할 권리도 없는 듯하다
그러나 나는 고집스럽게 생각한다
샤오보의 부음(訃音)은 틀림없이
가판대 신문에 실려 있는

선명한 두 줄 광고 사이에서
그의 소박하고 유머러스한 글처럼
찬미와 저주의 소음 사이를 몸부림치고 있으리라고

오늘 새벽, 나는 자신을 위해
진한 커피 한 잔을 태우다가
유례없이 설탕을 넣지 않았다
그건 나에게 정확한 예감으로 느껴져서
샤오보를 위해 조사(弔辭)를 준비하였다
그대 편지 속의 추모시를 마주하자
나의 입은 온통 씁쓸한 맛으로 가득 찼다
나는 내 눈이 목도한 것이
나에게 친숙한 필체인지
아니면 낯선 무덤인지
의심스러웠다

샤오보와 우리가 함께 밥을 먹은 건
2년 전이었다, 기억 속의 그가 내뱉던
그처럼 명랑한 화법은
벌써 희미한 안개에 싸여 있다
그의 커다란 몸집과
우리가 좋아하는 그의 글만이
오래도록 우리와 함께 할 것이다
그의 갑작스런 죽음은
커다란 공백을 가져다 주었다

그러나 나는 여전히 그를 축하하고
심지어 그를 부러워한다
유일한 위안은
저승사자가 아직 죽음을 허락하지 않고
그도 마지막 숨을 몰아쉴 필요가 없을 때
후세 사람들에게 제멋대로
고통스럽게 남긴 유언이 있다는 사실이다
그는 우연찮게 모든 동정을 피한 채
고독하게 두 눈을 감았다
그가 생전에 문단의 시끄러움을 피한 채
혼자서 텅 빈 종이를 마주하고 있었던 것처럼

이 시각, 감방은 너무나 조용하다
항상 출몰하던 쥐도 날뛰지 않는다
나는 달빛도 없는 밤을 마주하고 생각에 잠긴다
샤오보가 생명을 놓던 그 순간
황혼은 틀림 없이 침착하게 변하였고
석양은 점점 식어가는 그의 손을 어루만지고 있었으며
아무도 놀라지 않고 아무도 흐느끼지 않았으리라
절대적인 평안이
그가 누린 인간 세상의 마지막 기쁨이었고
이제 막 일어난 작은 사건이었으리라

사랑하는 샤(霞)
샤오보의 죽음과 그대의 추모시는
나를 슬프게 하지 않았다

나는 술을 마시면서 떠들어대던
그의 유유함을 상상하고 있다
나의 감방이 갑자기
비온 뒤의 정원처럼 밝아진다

비트겐슈타인의 초상 - 철학을 모르는 아내에게

그대의 지혜는 너무나 냉혹하여
오직 침대 위에 누워 위를 바라보며
허무하게 자문자답하는 데만 적절하다
그대는 이 세상에 철학은 없으므로
오직 침묵할 수 있을 뿐이라고 한다
이 침묵은
사상의 대지를 단절시키고
구름 뒤편의 신앙을 부숴버린다

생사가 걸린 참호 속에서도
그대는 생민도탄과 민족위기라는 말로만
사유의 최종 영양분으로 삼고
한 시대를 매장시키는 추상적인 문구를 쓴다
그리고 난삽하고 이해하기 힘든 논리를
한 가닥 가죽 채찍으로 삼아
피와 살이 모호해진 언어의 파편을 찍어
소크라테스와 칸트의 지혜를 채찍질 한다

그대 펜 아래의 단어 사이엔
고양이가 돌멩이를 포획하려는 것처럼
언제나 어쩔 수 없는 황당함이 스며 있다

몇몇 지자(智者)들이 사다리를 타고
가까스로 형이상학의 고봉에 오르면
그대는 장난꾸러기 아이처럼
사다리를 치워버리고 나서
말 한 마디 하지 않고
구름 끝의 개미 떼를 구경만 한다

그대는 우주의 기원과 인간의 본질 및
이에 관한 끊임없는 논쟁은 모두
거짓 명제이며 쓸 데 없는 미친 짓이라 하고
플라톤과 데카르트를 믿는 자는
기왓장이 임신할 수 있다고 믿는 자라고 한다
그리하여 평범한 생활을 참고 즐기는 것,
그것이야 말로 격정이며, 기적이고, 아름다움이라고 한다
그대는 돈이 많지만 상관없는 사람에겐
한 푼도 나누어주려 하지 않는다
그대는 여태껏 가난한 사람을 불쌍히 여기지 않았다, 마치
전쟁 중의 정의를 믿지 않는 것처럼
그대가 포로수용소의 전쟁 포로라면
아마 눈곱만큼의 치욕도 느끼지 않고
집으로 부치는 것도 고통을 호소하는 편지가 아니라
아무도 이해할 수 없는 철학책이겠지

온 세계가 그대를 무서워할 거라며
그대는 침대 위에 똑바로 누워서
자문자답하며 망상을 즐긴다

모든 대학에서 그대를 철학 스타로 받들더라도
그대는 초연히 그곳을 떠나
어느 한 시골마을 초등학교로 가서
아이들에게 1+1=2와, 지구는 평평하다는 걸 가르치겠다고
뭐가 철학이고 뭐가 사상인지를
그대가 모르는 것처럼
드라마의 주인공과 그들의 실생활을
나도 잘 구별하지 못한다

그대는 인류의 모든 언어를 해부하여
모든 살은 발라내고
모든 피는 짜내버린 뒤
뼈와 힘줄만 남겨
우르르 몰려드는 굶주린 개떼에게 나누어 준다
이빨을 날카롭게 잘 갈면서
심장을 강하게 잘 단련하면서

두 차례 세계대전의 포연이 사라지고
냉전도 끝난 더욱 아름다운 세상
컴퓨터로 복제 두뇌를 만드는 신시대에
신혼 침대가 나날이 황폐해지는 이 시각에
철학의 목장은 더욱 더 처량하다
비트겐슈타인
당신의 초상은 무딘 돌멩이처럼
사상의 폐허 위에 고요히 누워 있다

칸트를 향해 경의를 표하다
- 칸트를 읽은 적이 없는 샤(霞)에게

나는 독일의 그 작은 마을에서 멀어진다
환관이 구중궁궐 후궁에 몸을 누이는 것처럼 멀어진다
나는 오직 몇 천 년의 찌꺼기를 뚫고 당신을 엿볼 수 있다
작은 마을의 모든 사람들이 교회로 가는 걸 본다
작은 마을의 모든 종이 일제히 울리는 소리를 듣는다
집밖으로 나가지 않은 지자(智者) 한 명을 애도하기 위해서일 뿐
작은 마을 사람들은 물자체(物自體)를 결코 이해하지 못하고
그의 정언명령에 복종하는 사람은 아무도 없다

젊은 시절엔 당신도 아주 망녕스럽게
한 지탱점을 찾으려 했다
격정에 차서 지구를 창조하자
밤하늘의 신비가 갑자기 다가왔고
위협은 깊고 먼 곳에서 왔다 -
당신을 전율시킨 그 무한
왜소한 사람은 전율로 인해 위대해지고
위대한 사람은 전율로 인해 왜소해진다
이로부터 당신은 알았다

사람은 무한함, 심원함, 하느님을
경외해야 한다는 것을

목숨을 건 경계선에서
지혜는 도도한 머리에 고개를 숙였고
전통과의 고별은 조그만 핏자국도 남기지 않았지만
그 잔혹함은 영혼의 낯빛을 실색케 하였다
하느님이 인류의 시조를 추방하고
지혜의 나무엔 세속의 죄악이 가득 열린 것처럼
분열은 계속해서 골수에까지 깊이 스몄다
그 상처는 깨닫기 어렵지만
영원히 치료할 수 없고 영원히 신선하다
그러나, 난삽한 독신남은
또 철학을 소금으로 변화시켰다

당신은 결혼한 적이 없지만
아이들의 장난꾸러기 심보를 품고 있었다
며칠 밤 불면 속에서 당신의 죽음을 생각하며
당신이 죽을 때도 여전히 동자였는지
당신이 지혜의 한계를 추궁하듯 나도 추궁해보았다
지혜의 칼날이 당신을 거세했는가
육체의 칼날이 지혜를 거세했는가
이성(理性)과 경험의 철학 성전을 마주하고
당신은 자신의 비판철학을
코페르니쿠스가 신대륙을 발견한 첫 번째 항해에 비견했다

그리고 여인의 다정한 눈빛 아래에서
당신은 스스로를 비하하며, 홀로 지자(智者)의 빈방을 지켰다

정언명령은
하느님의 권위를 받아 당신이 선포한 것
이 명령은 인류를 압박했고
당신 스스로를 압박했다
프로이드가 2백년 일찍 태어났다면
당신 순수한 총각의 몸은
정신분석의 최면술 속에서
오색찬란한 꿈과
온갖 독을 모두 품은 영혼으로 변했을 것이다
오직, 조기 탄생이 이런 재난을 비껴가게 하였다
나는 이것이 당신에게
행운인지 불행인지 모르겠다

당신은 신을 경외했지만
종래 열광하지도 참회하지도 않았다
옛날 책을 펼치듯 교회로 가서
어른의 지혜로 아이들의 놀이를 하며
아무도 풀 수 없는 도형을 하나하나 펼쳐보였다
당신의 몸 뒤엔 푸른 하늘 흰 구름 밝은 태양이 있었고
당신의 눈앞에는, 오직 백주처럼 밝은 어둠만이 있었다

모든 현학(玄學)과 신비

모든 경험과 명석은
당신의 무덤에 이처럼 가득 쌓여 있다
피를 묻히지 않는 살인은
두 손을 깨끗하게 해주었다
한 구의 시체는 사상의 썩은 나무에 의해
의심스러운 기념비로 조각되었다
후세의 숭앙은 종족 멸망의 푸른 연기를 수반했다
깊이 사색하고 명상하고 예민하게 느낀 날들은
파괴된 언어를 부활시켰다
어휘와 구법의 찌든 죄악은
당신을 선양하고, 왜곡하고, 은폐하고, 공개하면서
당신을 태양 속 흑점으로 추켜세웠다

카프카, 내 말 들어봐
- 카프카를 사랑하는 아내에게

카프카, 내 말 들어봐
투명한 남빛 하늘 아래에서
당신을 상기한다는 건
틀림없이 모독일 테지만
난 분명히 남빛 하늘 아래에서
창백한 반달 속에서
당신을 만났다
당신의 그 광기어린 두 눈
그 눈동자 정 가운데에는
당신 아버지의 가죽 채찍이 흔들리고
가죽 채찍 뒤편은 모든 걸 씹어 삼키는 큰 아가리
그리고 더욱 깊은 곳은 캄캄하고 한랭한 베란다
자신의 여윈 몸과 아버지의 위용에
당신은 두려워 떨었다
생쥐가 고양이의 민첩함에 두려워 떨 듯이

이에, 당신의 펜은
한 그루 고목 위에서
가장 일찍 시들고
가장 늦게 꺾인 나뭇가지로 변했다

광기어린 상전벽해를 두루 다 겪고 나서
다시 평정을 찾았다
텁텁한 나무 껍질엔 아무 표정도 없지만
움직임 없는 소리와 색깔을
변화시키고 있다
사소한 듯한 미세함이
끝도 없는 배회 속에서
십자가의 가파름으로 솟아 올랐다

세계와 사람은 하나의 "K"일 뿐
그는 처형당하면서도 여전히
성채의 명령이 어느 방향에서 오는 것인지 몰랐다
심판에는, 이유와 증거가 필요 없다
그건 마치 『성경』 첫머리
하느님 말씀과 같다 : 빛이 있으라 하시매
바로 빛이 있었다

저 굶주린 예술가와
저 작은 구슬과 놀던 늙은 홀애비는
한 걸음 한 걸음 동방의 장성으로 향하고
그들의 공포는
성벽 아래에 구멍을 뚫은 두더지를 위협하였고
사상이 있는 갑충도 두려움에 떨었다
얼마나 요원한 유배지인가?
얼마나 정교한 살인 무기인가?
피는 방울 방울 흘러내리고

생명의 세포는 하나씩 하나씩 죽어갔다
프로메테우스는 인류를 위해 불을 훔치다 목숨을 잃었고
당신의 대령은 살인 기계가 되어 파멸하였다

카프카, 난 감히 당신을 볼 수 없다
왜냐하면 당신의
모든 거울을 묻은 적이 있는 두 눈이
영원히 암흑의 한 구석에 숨어
태양 아래 행복한 생활을 응시하고 있기 때문이다
하루 아침에 파괴된 눈빛은
마치 찢어진 자궁과 같다
달도 덜 찬 영아를 꺼내
너무 일찍 세상과 마주하게 한다
낯선 교류는 고독을 순수하게 하고
당신 가련한 말단 직원은
여인의 깊이를 의심스럽게 탐색한다
혼약의 신성은 결코 당신이 바랄 수 없는 것
당신의 공포도 결코 혼약이 저울질 할 수 없는 것
당신의 그 미세한 위대함은
풀숲에서 보호색을 바꾼 뱀처럼
몸을 숨기고 모습을 드러내지 않는다

가프카, 가장 정교한 사기꾼
요절한 당신은 사기극을 문단의 전고로 바꾸었다
사람들은 당신의 절망이 철저하다고 여기지만
나는 오히려 당신이

스스로의 천재성을 의심한 적이 없다고 생각한다
그 교활한 유언은
당신의 원고와 몸값을 백배로 뛰게 했고
불 속에 던져진 건 겨우 유언 뿐
사람을 괴롭히는 그 문자들은
오히려 현대의 경전이 되었다
독을 품은 내면의 강인함에서 온
당신의 사기극은
니체의 소리치는 초인과 비견 되었다
당신의 자신감과 강인함은
바로 통곡의 벽 맨 아래에 놓인 석회석이었다

카프카, 내 말 들어봐
난 당신을 숭배하면서 당신을 원망한다
당신은 내 목구멍에 걸려
내가 말을 더듬게도 하고 내가 말을 잃어버리게도 한다
당신이 경전이 되었기 때문이 아니라
당신이 겨우 남아 있는 언어이기 때문이다

릴케를 읽으며 - 똑같이 릴케를 좋아하는 샤(霞)에게

1

릴케여,「가을」은
내가 처음 읽은 당신의 시
읽은 후, 바늘 하나가
내 혈관 속에 영원히 남아
언제나 날카로운 통증을 느끼게 한다

만약 시간이 오래 되어
바늘 끝이 무뎌지면
나는 또 이 시를 찾아서
다시 바늘 끝을 예리하게 갈아내어
날카로운 통증을 재차 우렁차게 울리고
숫돌로 하여금 영원히 피울음을 울게 한다

릴케여
석양과 같은 우울이
몸부림치며 고별의 광휘를 번쩍이고 있다
눈동자 깊은 곳에 거꾸로 비친 그림자는
자갈처럼 몸을 부대끼며
긴 편지를 쓰는 펜 끝인양

영원히 멈추지 않는다

릴케여, 현재 당신의
심정이 어떤지는 몰라
가을날의 과일은
술 마신 뒤의 맑은 각성을 부양한다
낙엽은 휘날리며
당신이 폐쇄하려는 영혼 속으로 날아들고
고독은 이 가을에 알차게 익어간다

발길은 방랑하고, 가을은
텅 빈
모든 것이 텅 빈
느낌
시든 변두리로부터
죽음을 느끼고
당신을 느낀다

2

릴케여, 「표범」은
내가 두 번째로 읽은 당신의 시
투박한 쇠절구 공이엔
새파란 녹이 자라 있다
나의 심장을
천천히 절구에 빻아

쇠녹 찌끼와 핏방울을 섞어
나의 온 몸에 두루 퍼지게 한다
쇠녹 냄새가
모공에서 피어오른다

쇠절구 공이는 침착하고 참을성 있게
빻으며 생각하며 공이질 한다
때때로 그것은 잠시 동작을 멈추고
명상에 빠진 철인처럼
형이상학의 난제에 침잠한다
위대한 현기증은 감정도 드러내지 않고
횟수를 거듭할수록 쇠약해지고
횟수를 거듭할수록 메말라간다

보르헤스의 암흑 - 암흑에 미련이 많은 샤(霞)에게

보르헤스
이 맹인이시여
유전은 일종의 숙명
당신도 나도 도피할 수가 없다

그러나 당신의 유전은 -
창작과 실명
이처럼 잔혹하게 조화를 이루어
오직 두 눈을 잃어야만
빛을 발견할 수 있다고
나를 믿게 하려는가?

왜 당신은 한사코
가족의 칼 두 자루를
당신 손 안의 펜으로 바꾸었나
왜 가족의 눈병은
한사코 당신을 도서관으로 이끌었나
당신은 교차된 숙명과 항쟁을 벌일
충분한 인내심이 있었는가
당신은 정말 시간을
유일한 적수로 삼았는가?

맹인에게
세계는 바로 미로
목표도 없는 탐색과
탈출의 욕망은
사방으로 부딪치는 공간의
그림자, 풍경, 문자 및 모든 것이
당신의 계시가 되게 하고
신비한 접촉이 되게 하였다
당신의 몸은 미로 속에서
또 다른 미로를 창조하였다

암흑이 강림할 때
당신은 이미 암흑을 초월했다
시간이 포기할 때
당신은 자신의 몸을 시간 속에 뉘었다
전혀 흔들림 없이
그러나 시간을 따라 흘렀다

상상은 페이지가 무한한 한 권의 책
모든 것을 포용하는 백과전서
당신은 장님 지팡이로 조금씩 더듬으며
모든 문자를
곱씹은 후 뱉어내었다
영혼의 도서관은
신령과 악마만이
함께 읽는다

책갈피를 부딪치는 소리는
장미 속 호랑이와
거울 속 꽃밭을
일깨웠다
귀로만 시를 쓰는
불후의 성곽은
한 번 들어가면
다시 나올 길이 없다

아르헨티나는 섹시한 나라
당신의 동정은
사랑도 없는 유럽에 약탈당하였다
아버지는 당신을 단순한
육체의 빛속으로 끌어들였다
할아버지가 칼의 빛을
아버지의 손에 건네준 것처럼
공포와 영광이 당신을 눌러서
총알을 맞고 죽음에 도달하는 것처럼
침대위의 오르가즘에 도달하게 한다
아마도, 당신과
아버지가 같은 여인을
향유했기 때문이리라
아마도, 여인은 칼처럼 본래
파멸을 위해 태어났기 때문이리라

남아메리카는 적도에 가깝지만

당신은 좀벌레처럼
햇볕을 피해
암흑 속에서 독서와 창작을 했다
암흑은 당신의 혈액
지팡이 하나로
지옥과 천국을 편력하였다

성 어거스틴에게 - 『참회록』을 좋아하는 샤(霞)에게

성 어거스틴이여
나는 성단(聖壇)에서 당신을 알았다
붉은 주교복은 우러러 보아야만
천년의 위엄을 느낄 수 있었다

이웃집 배나무 과수원에서
나는 당신을 알았다
아이들이 도둑질을 할 때
모험의 쾌락을 느끼는 걸 훔쳐보았다

시간의 침묵을 마주하고
하느님의 성을 창조하였다
여인의 품속에서 방탕하게 놀며
무수한 몸짓을 지어보였다
세속의 모든 쾌락을 다 맛보고
당신은 하느님의 품속으로 비집고 들어갔다

참회할 때의 진실함은 의심할 여지가 없고
육체에 대한 경멸도 이유가 충분했다
그러나 배를 훔치는 아이와 정(情)을 훔치는 청년에겐 모두

인간의 가장 본능적인 죄악이 숨어 있다
그것은 사악과 모험에 대한 열광이다

속세를 굽어보는 당신의 고귀함을 상상하며
경외에 무릎 꿇는 겸허함을 음미해본다
나는 성도와 노름꾼 사이에 도대체
무슨 본질적 구별이 있는지 모른다
소문에 하느님은 주사위 던지기의 고수라고 한다
왜 당신은 욕망의 도취를 버리고
노름꾼이 아니라 성도를 선택했는가?

아마도 처음으로 당신이
시간의 잔혹성과 신비성을 발견했을 것이다
그래서 짧은 인간 세상을 믿지 못하였다
사람들은 모두 장생불사를 갈망하고
당신도 불후의 욕망에 압도당하였다

참회할 때 정말 전율이 일어나는지
속죄의 길이 정말 그렇게 긴지 모르지만
인간은 신의 연극 속에서
봉헌의 비장함을 연기한다
하느님은 연극을 좋아하는가?
하느님이 무미건조한 감상자에 불과하다면
창세기는 평범한
악작극일 뿐이다
공교롭게도 당신의 영혼속에는

또 하나의 무대와 나무 인형 몇 개가 마련되어 있다

침묵하자
이것은 성도의 유일한 품성
돌멩이는 숱한 파괴를 다 겪고도 말이 없고
하늘은 모든 것을 굽어보면서도 말이 없고
대지는 모든 것을 다 품고도 말이 없다
시상, 신앙, 논리
장광설에 뛰어난 인류는 낭비이다
언어를 믿는 것은 가롯 유다의 승낙을 믿는 것이다

털보 플라톤 - 플라톤을 이해하지 못하는 샤(霞)에게

처음으로 당신의
큰 머리와 덥수룩한 수염을 보았을 때
나는 당신이
주정뱅이나 격투기 선수인줄 알았다
전설에 의하면 당신의 스승 소크라테스는
이마가 넓고 반짝거렸다고 한다
그 머리에 옛 그리스의 모든 전설을 담고
그는 폴리스의 사면을 거부하고
죽음으로 지혜를 구해내었다

대학 시절
진지하게 『국가론』을 읽었다
당신의 미(美)에 대한 원한과 시인에 대한 경멸 때문에
문학의 꿈에 부풀어 있던 나는
밤새도록 잠 못 이루며 그 의미를 새겨봐야 했다

당신의 아카데미 문앞에서
어려서부터 기하학을 이해하지 못한 나는
경외의 눈으로 등을 돌리며
감히 발을 들여놓지 못하였다
그러나 당신의 동굴에는 무지개 빛이 반짝였다

그것이 환상이더라도, 그것에 푹 빠져 피로한 줄 몰랐다
당신이 이데아의 천국에 도취한 것처럼
나도 기꺼이 가뭇한 그 무엇에 몸을 바치길 바랐다

당신은 철인(哲人) 임금이 되어
이데아로 세계를 구하려고
동방을 주유하며 신도를 찾다가
장사꾼에 의해 노예로 팔렸다
마치 우리의 성인 공자가
사방으로 관직을 구하다가 장한 뜻을 이루지 못하고
제자들 교육에만 힘쓰며
마른 육포(肉脯)를 받던 일과 같다
동서양의 지자(智者)가
동일한 운명에 처한 것은
하느님의 농담이 오직 한 가지 주제이기 때문

전설에 의하면
당신은 충성스런 동성애자
그럼, 2천 년 전에 벌써
당신은 반문화 히피족이었다
당신은 남녀가 즐기는 육체의 광란을 저주하면서
자신을 꼬드겨 남자의 엉덩이 구멍으로 이끌었다
나의 추측으론, 일상생활 속의 당신은
틀림없이 고지식하고 인색했으리라
이데아와 미남이 있어야
한순간이라도 열광할 수 있었다

당신은 사람에게 성교는 불필요하고
신의 계시만이 영감의 원천이라고 믿었다

세계는 당신에 의해 삼엄한 등급이 생겼다
당신은 철인 임금으로, 높은 곳에 자리하여
후세 사람들에게 헛된 수수께끼를 던지고
하느님을 위해서는 은밀한 뒷문을 개방하였다
어려서부터 유물론을 접한 나는
인류의 모든 문명이
식욕과 성욕으로만 완성되는 것으로 믿었다

추측컨대
기실 당신의 꿈은 아주 단순했다
당신은 기형으로 자란
아이였기 때문이다
너무 큰 머리와 너무 작은 몸
너무 가느다란 사지와 너무 무성한 수염
명상을 사랑한 아이는
유약하고 창백하여
어둔 밤이 강림할 때
오직 따뜻한 빛이 필요하였다

예수를 우러르며 - 나에게 겸손을 주는 아내에게

예수여, 당신은 나를 아는가?
누런 피부의 중국인
나는 인혈만두를 신에게 뇌물로 바치는 땅에서 왔다
신에게 절하고 부처에게 기구하는 건 신성을 없애기 위한 행동일 뿐이다
우리의 신은 금가루를 입힌 도금
황제와 성인에서 무사와 정녀(貞女)에 이르기까지
무수한 인간이 모두 신이 되었다
보우만 구걸할 뿐 참회는 하지 않아
분뇨 속에서도 신의 그림자를 볼 수 있다

나는 당신을 모른다, 예수여
당신의 몸은 너무 야위어서
모든 힘줄과 뼈가 역력하게 드러나 있다
십자가에 못 박힌 당신의 모습은 너무나 참혹하다
모든 신경이 고난을 감당한 채
조금 기울어진 머리
그 아래로 혈관이 돌출된 목덜미
손은, 힘없이 늘어졌고
불꽃 속의 마른 나무처럼
다섯 손가락이 펴져 있다

인류의 죄악은 너무나 무겁고
당신의 두 어깨는 너무나 협소하다
강제로 짊어지운 십자가를
감당할 수 있겠는가?
피는 목재의 무늬 사이로 스며들어
인류를 양육하는 붉은 술을 빚어내고 있다
당신이 사생아란 걸 난 의심한다
잔인한 하느님이 처녀막을 찢고
당신 한 사람을 순사(殉死)케 한 것이
설마 신의 사랑을
전파하기 위한 것인가?

『구약』을 읽어본 신도들은
그 명령식의 문장에 전율하고
그 분노에 찬 하느님을 두려워 한다
질문도 없고 토론도 없고
어떤 이유도 없다
믿음과 불신, 복종과 불복
창조하고 싶으면 마음대로 창조하고
멸종시키고 싶으면 홍수를 넘치게 한다
하느님은 형상도 없이
원한의 종자를 사방에 뿌린다

창세기는 신의 사소한 오락이지만
공전무후의 죄악을 빚어냈다
인간의 시조, 지혜의 나무, 뱀은

신에 의해 조종되는 순환 질서가 되었다
인간이 추방된 그날부터
신은 밑빠진 쓰레기통으로 변했다
그때, 예수여
당신은 태어나지도 않았다

농가의 말 구유에서 신의 십자가에 이르기까지
한 가난한 영아가
원한에 찬 하느님을 사랑의 화신으로 바꾸었다
면면히 이어지는 참회와 끝도 없는 속죄
그 사랑에는
선사 시대의 암흑처럼
한계도 없고 유예도 없다

태사공의 염원 - 샤(霞)에게

거세당한 고인이
명산에 저장해야 할 대저(大著)를 남겼다
후인들에게 전한 커다란 염원은
오직 나를 경악과 곤혹에 빠져들게 하였고
또 염치없게도 한 가닥 가련한 마음이 우러나게 하였다

나는 이 대저(大著)가 중성이라고 생각한다
책 속의 역사에는 피비린내가 나지만
돌멩이는 얼음물 속에 잠겨 있다
거세할 때의 칼날은 날카로워
거의 아무런 감각도 없었다

태사공이여
당신 필치아래에서 용솟음쳐 나오는 격정으로
한 여인을 포옹해야 했다
실패자에 대한 당신의 대자대비로
처녀지를 기름지게 하여 풍성한 수확을 거두어야 했다

당신은 우선 한 남자였다
생식기가 돋아난 남자였다
다음은 사관(史官)이었다

'창기처럼 길러지는' 노예였다
그러나 권력에 매를 맞고 쓰러진 뒤로는
노예가 되지 않고
남자가 될 생각도 버렸다

당신의 몸은 살을 찢는 형틀에 예속되었고
지혜는 위조된 역사에 예속되었다
거세 때 뿜어져 나온 피는
한 사람의 존귀함과
몇 천년 역사의 찬란함을 매몰시키기에 족하였다

태사공이여
듣건대 당신은 그렇게 박학다식한 지혜를
마음대로 휘날리며
고금의 모든 변화를 꿰뚫고 있었다
피울음을 토하며 쓴 「보임안서(報任安書)」는
오히려 적출해낸 고환처럼 슬프다

후인들은, 당신의 유작이
운(韻)이 없는 『이소(離騷)』라고 한다
그러나 책을 펼치면 언제나
피비린내가 오줌 냄새에 섞여 코를 엄습해온다
기나긴 역사는 한 미세한
생명을 지켜줄 수 없다
더 위대한 저작도
사정(射精) 때의 찬란함과 바꿀 수 없다

거세된 한 가닥 생명을
지금까지도 낭송되는 역사책으로 바꾸었다
겨우 목숨만 부지해온 우리 민족에게는
오직 거세된 역사와
역사의 거세만 있을 뿐이다
태사공에 대한 끝없는 찬미를 마주하고
나는 차라리 사마천과 『사기(史記)』를 몰랐으면 하였다

니미럴!
역사를 침묵하게 하자
침묵 속에는 그래도 약간의 인성과 존엄이 있을 수 있으므로

잊을 수 없는 장자
- 나의 장자 이야기를 듣고 있는 샤(霞)에게

장자여, 표일(飄逸)한 돌대가리여
그렇게 일찍 대붕의 큰 뜻을 펼치지 말았어야 했다
구만 리 창공을 날아 올라
쑥덤불 속에서 쩍쩍거리는 참새와 얘기하며
당신의 품위를 떨어뜨리고
당신의 언어를 오염시키지 말았어야 했다
당신은 절벽 끝에 앉아
아홉 마리의 소를 미끼 삼아
선천적으로 기형인 올챙이를 낚시질 하지 말았어야 했다
생사를 꿰뚫어본 당신이 오히려
자신의 무덤을 천지간에 우뚝 하게 만들어
대지 가득한 순장(殉葬) 묘혈을 키우고 있다

당신의 드넓은 지혜는 천지조차 침침하게 하였고
진흙탕에서 꼬리를 끌며 벼슬살이를 경멸하였다
높은 관직과 두터운 녹봉은 제물로 바쳐진 소에 불과할 뿐이다
당신은 어떤 맹인 이야기를 하며
먼지와 마른 풀에서 기쁨을 찾았다
동시(東施) 효빈(效顰)의 부끄러운 모습은

결국 민족의 유구한 추태가 되었다

장자여, 칠원리(漆園吏)의 직위가
너무 미천하여, 도도한 자존심을 욕되게 하면서도
분노에 찐 비천한 모습으로
모든 지자(智者)를 조소했는가?
노자의 가르침이 너무 원만하여
속된 세상에 대한 절망을
아내의 장례식 노래로 바꾸었는가?

장자여, 당신의 몸 뒤론
늘어선 은자(隱者)들의 수많은 이름이 있다
꿈속의 나비는 이제 추락하고
은거의 위선이 이제 시작된다
당신은 황폐한 전원을 개척하여
허무한 세월을 심었다
도연명은 술에 취해, 건곤(乾坤)이 뒤집히는 걸 보았고
혜강(嵇康)은 형장에서, 「광릉산(廣陵散)」을 연주하며 돌대가리들을 놀라게 했다
철저하게 속세를 버린 실의한 자들은 모두
불후하고 꽃다운 이름을 남겼다
천지 간에 우뚝 선 개체의 정신은
대대로 공을기(孔乙己)식의 서생으로 바뀌었다
이것은 부패가 신비로 변하고
신비가 부패로 변한 것

장자여, 전설 속의 당신의 키는
겨우 1미터 60센티인데도
이 민족에게 그처럼 침중한 교활함을 남겨주었다
시장에서 물건 값을 흥정하는 주부도
당신의 초탈을 이해하고 있다
벼슬길에서 부침하는 문인들은
당신의 유약함을 더욱 잘 알고 있다
성욕도 없는 수많은 중성인들이
오히려 세계에서 가장 많은 인종으로 번식하였다
개미떼의 바글거림과 분주함을 바라보면
당신이 지녔던 표일(飄逸)을 상상조차 할 수 없다
한 자루 독검 같은 시원함이
당신의 발치에서 나의 심장으로 꽂혀 온다

도(道)는 천지간에도 있고 분뇨 속에도 있다
마음은 공기이기도 하고 돌멩이이도 하다
지혜는 원만이기도 하고 거세이기도 하다
상상은 비상이기도 하고 기왓장이기도 하다
초월은 은거이기도 하고 출세이기도 하다
당신의 혈관 속에는 빙하가 흘러넘친다
당신의 이상은 모든 이상과의 단절이다

이미 하늘의 소리를 들을 수 없는 인류에겐
당신이 상상할 수 없는 정확함이 있다
그러나 굶주린 마음은 여전히 태고 적 밥 짓는 연기와 같다
언어, 어떤 언어로도

여전히 표현할 방법이 없다
장자여, 당신의 냉혹한 고독이
대지의 우매함과 시간의 무가내성으로 하여금
원형을 드러내게 한다

장자여, 난 당신을 잊고자 하나
그것은 결코 쉬운 일이 아니다

밤과 여명 - 샤(霞)에게

혼자서 잠이 드는 밤
너무나 춥다
여명 전의 외로운 별은 더욱 무정하여
침대 머리에 오렌지빛 등불이 켜져 있어도
살을 에는 어둠은 의연히
어떤 여지도 남기지 않고
그대 모든 것을 삼키고 있다

그대는 등불을 마주하고 자문자답하다가
벽에 비친 그림자를 어루만지며 눈물을 흘린다
이 때쯤, 담배 한 개비를 피워 물거나
자신을 위해 술잔을 따라야 한다
멍하게 취한 채 그들
지금도 간 곳을 모르는 실종자들을 추적한다
그들은 더욱 깊은 어둠에 삼켜진 것일까

등불을 끄고
담배 홀로 밤의 한기를 불태우게 하고
창밖의 밤을 향해 술잔을 쏟아 붓자
저 어둠을 취하게 하여 쓰러뜨린 뒤
또 다른 여명을 토해내게 하자
아마도 소식 있는 여명이 동터오겠지

나를 따르다가…… - 샤(霞)에게

그대 나의 마음속에서 빛 한 다발을 가져가서
그대 가는 길을 비추다가 궁지에 빠져들었다
그대 나의 성대에서 음표 한 꿰미를 흡취하여
노래 한곡을 작곡했으나 한 마디도 부를 수 없었다
그대 나의 눈빛에서 술 한 잔 빚어내어
일생동안 미친 듯 마셔도 조금도 취하지 않았다

나의 머리카락을 그대 손바닥 위에 바로 세우고
불꽃처럼 춤을 춰도 뜨거운 줄을 모른다
나의 손가락을 물어뜯어 잘게 씹어 먹어도
모두 소화는 되지만 영양가는 조금도 없다
그리하여 완전한 나를 담배 한 개비로 여겼지만
담배를 다 피우지 않고도 그대는 몽환 속에 빠져들었다

그대 이처럼 연약한 눈빛 - 나의 작은 발 여인에게

그대 이처럼 연약한 눈빛으로도
피처럼 붉은 태양과 맞설 수 있다니
저 솜털 같은 물질들이 떠돌고 있다
새빨간 심연 속을 떠돌고 있다
그대 눈초리는 부주의하게 움찔거리고
어떤 암시가 그대를 전진시킨다

가장 완전한 희망이
그대 눈빛 속에 분포해 있다
눈물방울이 빛살 가에 매달려서
한 점 한 점 투명하게
암흑의 그대에게 익숙해져 있다
오직 사랑 때문에 태양을 주시하지만
공포가 눈동자 속에 비쳐든다

미래의 하늘은 이처럼 평탄하지 않고
돌연히 균열하리라
 알 수 없는 운명처럼
그대 영원토록 단정하게 앉아 있으라
단정한 앉음을 출발점으로 삼아
고개를 숙이고 명상에 잠기거나 멍청한 상태로
그대 가장 좋아하는 시를 회수하라

그대의 자화상 - 나의 새끼손가락에게

그 자화상은
색채가 너무 우울해
필치에는 멸시와 단절이 가득하고
구도는 동란 뒤의 폐허와 같아
감히 경솔하게
어떤 어휘로도 그대를 형용할 수 없어

오직 호흡을 멈추어야
세계와 교류할 수 있을 것 같아
반 고호의 낡은 구두를 신고 자신을 추방하고
움푹 꺼진 눈동자엔 핏발이 서리네
티벳 노인의 수중에서
누대에 걸쳐 닳고 닳은 염주처럼
기도가 있고, 예언이 있고, 보우가 있지만
저주의 말은 한 마디도 없어

사랑하는 그대, 내 생각으론
그대의 자화상에
일개 죄수의 비천한 사랑으로라도
밝은 색조를 좀 더해야 해
그러나 난 자신할 수 없어
그대가 내 사랑을 받아들일지

그대에게 주는 시 - 샤(霞)에게

나의 시는 한 줄기 새벽 빛
매일 정확한 시간에 그대 얼굴을 비추며
가볍게 두드리고, 온유하게 스며든다
여전히 굳게 감은 두 눈
꿈 속 검은 장막에
한 가닥 빛발이 서린다
그대의 몸은 조금씩 깨어난다
대뇌에서 손가락으로
발가락에서 심장으로

그대에게 찬란한 새벽을 주는 것
그것이 나의 소원과 의무
그러나 절대로 해가 뜨기 전에 깨어나선 안 돼
나의 시행(詩行)에서 벗어나선 안 돼
나의 시가 너무 사소할 수는 있지만
그대 한 사람만을 위해서 쓴 것이니까

그대는 나…… - 누이에게

그대는 내가
지금 바야흐로 보내고 있는 겨울
그대 때문에 춥지만 더욱 밝아지고
찬바람이 뼈 틈으로 파고들어, 내가 깨어난다

그대는 모든 걸 시들게 하고
홀로 남아
추위와 나를 상대시킨다
얼어터진 창공은
바로 그대가 죄수에게 묻는 안부

나는 이 겨울에서 도망칠 방법이 없다
모든 틈새로 나를 찾아온다
꽁꽁 언 귓바퀴는
그렇게 민감하여
그대의 모든 소리를 들을 수 있다

나는 나신으로
겨울과 한 몸으로 녹아든다

내가 떠날 때 - 잠을 자고 있는 샤(霞)에게

마음을 그대에게 주었을 때
나는 이미 떠났다
가을의 투명함 속에서
수갑의 반짝임은 햇볕에 화상을 입힌다

나는 먼 곳으로 끌려 왔다
그대는 찾을 수 없는 먼 곳으로
그러나 잠이 깬 뒤 그대의 눈빛은
여전히 나의 뒷모습을 불태우고 있다

한차례 한차례씩 딱지가 앉은 상처는
언제나 한차례 한차례씩 갈라진다
나는 경탄한다, 그대 그처럼 허약한 몸으로
이처럼 갑작스럽고 오래가는 고통을 어떻게 견디는지

칼이 부러지자
그대의 손은 날카로운 칼날을 잡는다

햇볕과 찻잔 - 매일 차를 마시는 내 새끼손가락에게

매일
그대는 재떨이와 차탁(茶卓)을 씻는다
유리잔에
용정차나 오룡차 두 잔을 타서
차탁의 한 켠에 앉아
맞은 편 빈 자리의 찻잔을 주시한다

찻잎은 천천히 풀리고
찻잔은 점점 녹색으로 투명해진다
찻잎이 공중에서 떠돌면
그대는 손을 뻗어, 찻잔을 햇볕 속으로 옮긴다
찻잔 테두리가 문득 반짝이며
레몬 한 조각이 찻잔 속으로 날아들 듯
금빛 햇살이 녹색 찻잎에 스며든다

이따금씩
그대는 찻잔을 바라보며 열쇠가
자물쇠 구멍에 꽂히는 소리가 나는지 귀를 기울인다
그 소리는 너무나 익숙하여
밤이든지 아니면 여명이든지
열리는 문은 언제나 그대에게 기쁨을 준다

그대는 찻잔을 받쳐 들고 홀짝 한 모금 마신 후
태양을 향하여 높이 들어올린다
그대의 손가락은 찻잔과 함께
햇볕에 투명하게 비쳐들고
손바닥도 투명한 초록 찻잎 색깔로 물이 든다
그 담박한 빛 속에
한 가닥 공포가 서려 있다

그대는 맞은 편 찻잔이
아주 오래 빌 것이란 걸 안다
심야에 문을 열고 들어오는 사람을
오래 오래 기다려야 한다

쓸쓸한 날 - 샤(霞)에게

허구의 세월엔 적의가 없다
무덤도 부패 속에서 환상할 수 있다
오직 암흑에 대한 신앙에 의지하여
우리는 태양을 저주한다

미래를 느낄 수 없는 시각에
헛되이 슬퍼한다
그러나, 그것이 헛되더라도
우리는 여전히 단호하게 슬퍼한다
단호함, 슬픔 그리고 헛됨은
바야흐로 시간을 향해
하늘 가득한 거짓말을 펼쳐놓는다

연기의 감각 - 담배를 피우고 있는 누이에게

앉아서 담배를 피우는 그대의 모습을 사랑한다
한가로운 시각에도 명상은 하지 않고
원한의 시각에도 아무런 과장도 하지 않는다
여명은 허다한 독소를 흡입하여
뜻밖에도 먼지와 함께
연무 속을 날아다닌다

담배는 아주 단순하다
그대의 생명 원천으로 직진하여
독을 품은 날들을 향유한다
짧음과 파괴 속에서
항상 기적이 발생한다

담배는 거의 그대의 신앙에 가깝고
그대와 나의 공통의 감각
물과 물이 서로 스며들 듯
흡연할 때 우리는 이처럼 가깝다

그대는 담배의 신비를 너무나 잘 알고
가녀림 속에서 위대한 역량을 뿜어낸다
출생 시의 상태를 그대가

다시 선택할 수 있다면
그대는 차라리 담배 연기가 되어
숱한 독소를 뿌려대리라

감당 - 고난 속의 아내에게

그대 내게 말했지
"모든 걸 감당할 수 있어"
그대의 눈길 완고하게 태양을 쏘아보며
실명을 거쳐 한 덩이 화염이 되고
화염은 바닷물을 전부 소금으로 만든다

사랑하는 이여
암흑을 사이에 두고 그대에게 얘기할게
무덤으로 들어가기 전에
잊지 말고 불태워진 뼛가루로 내게 편지를 써줘
잊지 말고 저승의 주소를 남겨줘
편지지는 뼛조각에 찢겨
글자 한 자도 완전하게 쓸 수 없고
갈라짓 붓은 그대를 아프게 찌른다
인두질 당하는 불면의 밤은
그대 자신을 놀라게 한다

돌멩이 하나가 천지를 감당하고
그 단단함이 나의 뒷머리를 맹렬하게 때린다
백색의 알약은 뇌장(腦漿)으로 조제된 것
우리의 사랑을 독살시킨다

다시 이 중독된 사랑으로
우리 스스로를 독살시킨다

그대 출현하다 - 아내에게

그대는 언제나 이처럼
깊은 단절의 시각에 출현한다
나는 쳐다보다 현기증을 느끼고
두 발은 걸어갈 힘도 없고
눈빛은 두려움으로 가득 찬다

그대의 미소는
절벽 틈 들풀의 잎새 끝에 걸려 있고
나는, 언제나 바람으로
그대를 어루만지며 멈추지 못한다
그 시련은 너무 위험하고 너무 기이하다
나처럼 비천한 자에게도
정말 이 같은 고귀함이 필요할까?

그들의 출생과 그들의 사망은
본래 근본상의 구별이 없다
단지 우연한 악작극 때문에
출생은 이처럼 성대하고
사망은 이처럼 장엄할 뿐이다

그대가 출현한 그 순간에

나의 세계는 이미 분쇄되었다
그러나 그대는
진흙탕과 붕궤 속에서도
아무런 손상없이 완전하다

먼 곳 - 샤(霞)에게

나의 광활한 공허는 먼 곳 때문에 배가 부르다
저처럼 요원한 아름다운 정경을
처음으로 체험한다
또 다른 세계가 마음속에서 자라고
지평선과 노을빛은
교대로 먼 곳을 변화시키며
생명을 사랑의 극한 밖
먼 곳으로 가져다 준다

떨리는 바이올린은
먼 곳을 위해 현을 끊지만
이렇게 깊은 아픔은
오직 먼 곳을 감동시키기 위함이다

나의 모든 것은 먼 곳에 의해 드러난다
생존하고, 사랑하고, 우뚝 서고, 전개한다
그대는 먼 곳, 유약한 먼 곳
대해에 던져 넣은 한 가닥 장발처럼
짙푸름 속에서 황금빛을 흡입한다
절망을 위해 익사한 자가
너울너울 춤을 춘다

아내에게

냉담과 같은 달이
나의 정수리 위에 높이 걸렸다
섬광의 오만은 아래를 굽어보며
나를 질식시킨다
무덤이 토해낸 유령처럼
배경은 이처럼 깊숙하다

순수와 성결(聖潔)을 헌상함은
꿈속의 접근과 바꾸기 위함이다
피부를 태우려 하지 않고
오직 눈빛에 한 겹 얼음 같은 냉기를 물들게 하여
천화(天火)가 창백함 속에서 스러지는 걸 본다

창공의 비통함은 지나치게 광막하여
내 영혼의 눈으로는 꿰뚫어 볼 수 없다
나에게 빗방울 하나를 주오
진흙탕의 대지를 밝힐 수 있게
나에게 한 줄기 빛을 주오
번개의 질문을 드러낼 수 있게

그대의 한 마디 말은

이 문을 열고
암흑의 밤을 귀가시킬 수 있다

사라진 눈빛 - 작은 눈에게

사라져버린 눈빛이 목격한 것은
고정된 응시보다 훨씬 풍부하다
동그란 안경을 쓴 작은 눈이
여명이 솟아오를 때 사라졌다

만장의 새벽빛이 하릴없이 나를 비추며
발가벗은 채 하늘을 향해 도전을 감행했고
구름 속 신과 공모하다가
한차례 한차례 모두 빛에 의해 패퇴했다

함정 속에 잠복해 있는 발랄한 생기 속에서
사라진 눈빛은 비틀비틀 부딪치며
집으로 돌아가는 길을 찾고 있다
그러나 집은, 너무나 광활하여 찾을 수가 없다

핏발은 가닥가닥 끊어지고
온종일 잠도 못잔 작은 눈은
숨이 끊어질 듯한 눈빛으로
광활함 속의 유일한 반점(斑點)을 지키고 있다.

회상 - 우리가 함께 한 세월에게

(1)

한순간, 그대는
이 밤의 긴장을 느낀다
열쇠는 구멍 속에서 반복해서 맴돈다
문이 열리자, 벌써 여명이다

그가 들어오자
그대는 식탁 옆에서 멍하니 선다
그대가 품속의 사랑을 느끼며
점점 더 부풀어 오를 때
그의 눈빛 속에는
오히려 한 줄기 망설임이 반짝인다

그대는 이런 밤에
무슨 일이 발생하는지 아는가
돌연한 질문이 오히려
자신의 머리를 빡빡 깎는 것처럼
그 자신을 꿰뚫는다

마흔 살 먹은 이 사내는

자신의 겉치레에 탐닉하고
그의 시는 그대에게 멸시당한다
그러나 그의 더듬거리는 말투는
그대를 마음 아프게 한다

그가 몸을 돌려 손을 씻으러 가는 순간
그대는 그의 뒷모습에서
자신의 두 눈을 본다
깨진 거울의 균열 무늬에는
아직도 사랑의 마음이 남아 있다

(2)

캄캄한 소동과 환호가
나를 가공의 고지로 들어 올릴 때
이마의 섬광은 추운 겨울을 깨부순다
입이 급류 같은 나는
바글 거리는 사람들 속에서 안정된 그대를
발견하지 못하였다

그대는 오직 머리를 들고 나를 바라볼 뿐
마음은 이미 먼 곳을 돌아 자신의 구석진 곳에 이르렀다
저렇게 나를 마중하러 온 달빛 속에서
나는 그대를 볼 수 없고, 오히려
홀로 걸어가는 그대의 뒷모습을 느낀다

전복의 순간은 어둑어둑하게 다가온다
삼켜진 나는 또 다시 뱉어지고
계단 아래에 구금된 발자국은 너무 겁이 많아
감히 망상을 할 수 없다
16층의 전등은 여전히 밝지만
더더욱 감히 사치스럽게
당년의 뒷모습이 방문을 열 때의
포옹으로 바뀌기를 바랄 수 없다

그 목소리는 울부짖으며
지난날의 미친 망상을 깨부순다
그 포옹은
토해낸 오물을 받아들인다
주방에서 날아오는 기름 냄새는 영혼 속으로 스며들고
그대 등 뒤에 서서 어쩔 줄 몰라 하는 나는
조심스럽게 그대
목덜미의 솜털을 헤아린다

(3)

이 돌멩이를 들어 올린다
발바닥에서 거치적거리는 돌멩이는
나를 정복할 수 있다

그때, 그대는 이 돌멩이를
추방된 나의 길 위로 던졌다

그 이후, 이 돌멩이는
줄곧 나의 발밑에 잠복하여
너무나 익숙하다, 매일 만나는
백 개 천 개의 돌멩이들처럼
그러나, 무엇이 잘못 되었든
나는 돌멩이를 벗어날 수 없다
돌멩이는 미약한 빛을 발산한 뿐이지만
길을 밝게 비춰줄 수 있다

돌멩이를 차버리지 말고
오래오래 발밑에 머물게 하자
발바닥이 마비될 때마다
이 돌멩이를 다시 한 번 꽉 밟으면
아픔 속에서, 머리칼이 가닥가닥 곤두 설 것이다

모래 한 줌 - 샤(霞)에게

제사(題辭) : 사랑하는 이여, 그대의 편지에 모래 한 줌을 언급했네, 여기 철창 밖으로 모래알의 반짝임이 바라보인다.

길 가의 사내아이에게
모래 한 줌을 달라고 하여
깨끗이 씻은 후, 햇볕 속에 놓아둔다
일종의 황량함과 광활함이
빽빽한 빌딩 숲과
붐비는 사람들 사이
그 작은 틈 가운데로 비상한다

모래알을 이용하여 반짝이는 날을
보존하는 건 마치
추모제를 지내며
어느 한 곳 폐허를 남겨두는 것과 같다
모래는 해방의 역량을 갖고 있다
모래 한 줌에 의지하여 먼 곳에 은둔하여
깨끗하게 씻은 모래알 속에서
자신을 향해 질문을 던진다

별빛이 바야흐로 살상을 모의하다 - 샤(霞)에게

흰색과 회색 가까운 곳에서
꿈은, 거미의
도착을 기다리고 있다
위장의 경련은
칼 한 자루를 구걸하여
창졸지간에 방비할 틈도 없는 방식으로
발버둥을 마감한다

별빛은 어슬렁거리고
안구의 뒤편엔 아무 것도 없다
꿈도 없는 밤은
방어 시설 없는 도시처럼
살상 모의를 저지할 수 없다

발가벗고 놀라 일어나
흐느끼는 손을 내몰 수 없다
달빛 아래의 철창은
유달리 고요하다
설마 창공이 이처럼
한 가닥 연민의 마음도 없단 말인가?

새벽 - 샤(霞)에게

회색빛 높은 담장과
채소를 써는 소리 사이에서
새벽은 포박당하고 절단당하고
영혼의 무기력함에 의해 녹아내린다

빛과 어둠의 구별이 어떻게
나의 동공을 투과하여 드러나는지 모른다
쇠녹의 자취 속에 앉아 나는 새벽이
감옥 안 쇠고랑의 빛인지
아니면 담장 밖 자연의 신인지 확정할 방법이 없다
한낮의 배반은 오만한 태양으로 하여금
경악을 금치 못하게 한다

이 새벽은 하릴없이 광활하고
그대는 먼 곳에서
사랑의 밤을 소중히 간직한다

개미 한 마리의 흐느낌 - 작은 발에게

땅밑의 씨앗은
아직 그대의 발자국을 기억한다
개미 한 마리의 흐느낌이 그대를 붙잡는다
발가락 사이에 낀 진흙에서
개미떼가 흩어질 때의 기억을 판별해낸다
그대는 호주머니를 더듬으며
그 설탕 덩이를 찾으려 한다
어린 시절은 이미 녹아내렸고
모든 날들은
무너진 개미굴처럼
의미심장하다

참새를 잡는 아이 - 샤(霞)에게

무릎이 까진 아이가
참새가 그물에 걸려들길 기다린다
어떤 사람이 그 뒤에서 돌멩이를 던지고
그는 돌멩이 속에서 노래를 한다
떨쳐버릴 수 없는 어떤 감각 때문에
참새와 아이는 모두
안면 근육을 씰룩거린다

참새를 잡는 아이는 전심전력을 다한다
세계는 한 구의 시체로 변하여
풍화작용 속에서 명상에 잠긴다

흉수(凶手) 잠입 - 샤(霞)에게

돌멩이도 공포를 느끼리라
총알이 탄식할 수 있는 것처럼
그대는 지난날의 흔적을
자세히 응시한다
아주 값비싼 먼지가
눈길을 미혹시킨다

시간이 없어도 그만이다
온종일 흐느끼면서도
더 이상 이유를 물을 수 없다
도처에 녹슨 자국과
회의(懷疑)의 증거가 널려 있다
가장 안전한 밤에도
안절부절 불안에 떤다

흉수는, 눈꼬리로부터
몰래 잠입한다
그는 그대의 일부분처럼
낯설고도 조용하다
여태껏 그대를 이해시키지 못하였다
생쥐의 뾰족한 이빨이

어떻게
어둠을 물어뜯는지를

옥중의 생쥐 - 샤(霞)에게

생쥐 한 마리가 철창으로 기어올라
창틀 위를 이리저리 오고 간다
박락된 감방 벽이 생쥐를 바라보고
배부르게 피를 빤 모기도 생쥐를 바라본다
생쥐도 하늘 위 달빛을 흡입하여
은빛으로 투영된 몸이 날아다니는 것 같다
정말 보기 힘든 아름다움이다

오늘 밤 생쥐는 아주 신사적이어서
먹지도 마시지도 갉아대지도 않고
적의로 반짝이는 두 눈을 뜨고
달빛 아래 유유히 산보를 한다

벗어나기를 갈망하다 - 아내에게

헛된 순난(殉難)의 길을 내버리고
나는 그대의 발아래 눕기를 갈망한다
이것은 죽음과 얽혀 있는
유일한 의무이며
또 마음이 맑은 거울 같은 때
오래 지속되는 행복이다

그대의 발가락은 끊어질 리가 없고
고양이 한 마리가 그대 뒤를 바짝 따른다
진정 그대 대신 놈을 내쫓고 싶지만
놈을 고개를 돌려
나를 향해 날카로운 발톱을 드러낸다
푸른 눈 깊은 곳엔
감옥이 있는 듯 하다
내가 만약 맹목적으로
한 걸음만 활보하더라도
한 마리 물고기로 변할 것 같다

하느님의 손아귀로부터 - 아내에게

이따금씩 그대
마음을 다해 귀 기울이면
내가 주의하지 않는 것들이
남김없이 보일 것이다

그대의 손이, 항상
잡고 있는 그 투명한 유리잔에
고독, 그 녹색 찻잎이
태워질 때
아침 우유는 벌써 식는다

한밤
그대는 밝은 불빛 속에서
적나라하고 창백하다
어슬렁거리며 떠나가지 않는
공포를 조용히 부르고 있다

마사(瑪莎)가 죽었을 때
나는 멀리서 그대를 끌어안았다
두꺼운 얼음 아래에서 잠을 자던 몸이
갑자기 따뜻해지며

밤새도록 잠을 이루지 못하였다

지금
그대는
하느님의 손아귀에서
꿈을 받길 갈망한다
하나는 초콜렛이 녹아내려
기억의 꿈이 되리라
또 하나는 눈물이 흘러내려
애도의 꿈이 되리라

편지 한 통이면 충분해 - 샤(霞)에게

편지 한 통이면 충분해
나는 모든 걸 초월하여
그대에게 얘기할 수 있어

바람이 불어올 때
한밤중 그대는 자신의 피로
은밀한 시 한 수를 써서
나로 하여금 모든 글자가
마지막 글자란 걸 기억하게 한다

그대 몸 속의 얼음은
녹아서 불의 신화가 된다
목을 치는 망나니의 눈빛 속에서
분노는 돌멩이로 변한다

두 줄기 철길이 갑자기 중첩되고
등불을 향해 날아드는 나방은
영원한 자태로
그대의 그림자를 뒤쫓고 있다

제2부
사망 체험(6·4 추모시)

사망 체험 - '6·4' 1주년 추모제

1

기념비는 한차례 한차례 흐느끼고
대리석 무늬에는 핏자국이 스며들었다
신념과 청춘은 탱크 무한궤도의
쇠녹 아래에 쓰러졌다
동방의 아주 오랜 옛 이야기가
돌연 핏방울이 떨어질 정도로 신선해졌다

광막한 사람의 물결
천천히 말라가는 강물처럼 사라져갔다
강 양쪽 언덕의 풍경은 돌밭으로 변하였고
모든 목소리는 공포에 질식되었다
모든 전율은 화약연기를 따라 흩어졌고
오직 살인마의 철모만 번쩍번쩍 빛을 내었다

2

나는 더 이상 깃발을 알지 못한다
깃발은 아직 철모르는 아이처럼
엄마의 시체 위에 쓰러져 집에 가자고 울부짖었다

나는 더 이상 대낮과 한밤중을 분별할 수 없다
마치 기억을 잃어버린 식물인간처럼
시간은 총소리에 놀라 넋을 잃었고
나는 신분증과 여권을 잃어버렸다
일찍이 친숙하던 세계
대검으로 난도질당하는 여명 속에서
자신을 매장할
진흙 한 줌도 찾을 수 없었다

벌거벗은 심장은
강철과 맞부딪쳤고
물도 없고 푸르름도 없는 대지는
태양 빛의 유린에 맡겨져 있었다

3

그들은 기다리고 기다렸다
야만의 시간이 될 때까지 기다렸다
정밀한 거짓말을 짜낼 때까지 기다렸다
그리하여 계속
손가락이 예리한 발톱이 될 때까지
눈이 총구가 될 때까지
두 발이 탱크의 무한궤도가 될 때까지
공기가 명령으로 바뀔 때까지 기다렸다
왔다
마침내 왔다

그건 5천년을 기다린 명령이었다

발포 —— 살인
살인 —— 발포
평화적 탄원과 적수공권
지팡이 짚은 백발 노인과 옷깃을 잡은 작은 손으론
결코 살인마를 설득시킬 수 없었다
총신은 붉게 달았고
두 손은 붉게 물들었고
두 눈도 붉게 타올랐다
한 발의 총알은
한 줄기 오물 배설
한차례의 범죄는
일종의 영웅 행위

죽음이 이렇게 강림하니
얼마나 가벼운 일인가
짐승의 욕망을 채우기란
얼마나 쉬운 일인가
그 젊은 병사들은
이제 막 군복을 입은 신참
아직 소녀와의 키스에
취해본 적도 없을 것이다
그러나 한순간
흡혈의 쾌감을 체험하게 되었다
살인은 그들 청춘의 시작이다

그들에겐
원피스에 스며든 피가 보이지 않았다
몸부림치는 비명소리가가 들리지 않았다
단단한 철모와 연약한 생명에 대해
아무런 감각도 없었다
그들은 멍청한 노인네 한 명이
바야흐로 고로(古老)한 도성을
아우슈비츠로 만들고 있다는 사실을
알지 못하고 있었다

잔인과 죄악이 땅을 딛고 일어나
금자탑처럼 휘황한 빛을 발하고 있었다
그러나 생명은 부서져 심연이 되고
한 가닥 메아리도 들을 수 없었다
학살은 민족의 전통으로 새겨지고
세월은 유유히, 폐기된 언어처럼
최후의 결별을 마련하고 있었다

4

나는 본래 햇볕 아래에서
순도자(殉道者)의 대열에 가입하여
살아남은 나의 뼈로
경건한 신앙을 지탱하려 하였다
그러나, 창공은 결코 희생자를 위해

황금빛을 도금해주지 않았다
시체를 포식한 이리 떼는
정오의 온기 속에서
희희낙락 기쁨에 들떠 있었다

아득히 멀리
나는 생명을
태양이 없는 곳으로 추방하였다
예수가 탄생한 그 시절로까지 도피시켰다
나는 감히 십자가 위의 눈빛을 마주보지 못하였다
한 개비 담배가 조그만 담뱃재가 될 때까지
나는 열사의 술에 흠뻑 취하여
이 봄이 이미 사라졌다고 생각했다
나는 심야의 담배 가게 앞에서
거한 몇 명에게 가로막혀
수갑이 채워지고 눈도 가리우고 입도 틀어 막힌 채
어디로 가는지도 알 수 없는 호송차에 던져졌다
그러다가 홀연 내가 아직 살아있음을 깨달았다
나의 이름이 중앙 텔레비전 방송국
뉴스에서 '흑수(黑手)'로 바뀔 때
망각 속에 세워진 무명자의 백골은
저들 영웅의 훈장으로 바뀌고 있었다
나는 스스로 날조한 거짓말 덕분에 높이 떠받들려져
만나는 사람마다 내가 사망을 체험했다고 말했다

나는 비록 죽음이

신비한 미지의 세계란 건 알지만
살아 있으므로, 사망을 체험할 방법은 없고
죽었다 해도
다시는 사망을 체험할 능력은 없다
그러나
나는 여전히 죽음 속에서 비상한다
타락하듯 비상한다
무수한 철창 뒤의 밤과
별빛 아래의 무덤은
나의 악몽에 의해 팔려나간다

거짓말 외에는
난 아무 것도 가진 게 없다

1990년 6월 친청(秦城) 감옥에서
(體驗死亡(北春, 2000, 7) - "六·四"一週年祭)

열일곱 살에게 - '6·4' 2주년 추모제

제사(題辭) : 너는 부모님의 권유도 듣지 않고, 화장실 작은 창으로 탈출하였다. 네가 깃발을 높이 들고 쓰러졌을 때 겨우 열일곱 살이었다. 그러나 나는 아직도 살아남아 벌써 서른여섯이 되었다. 네 혼령을 마주하면 살아 있음이 바로 범죄이고, 널 위해 쓰는 시는 일종의 치욕이다. 산 자는 반드시 입을 닫고 무덤의 호소를 들어야 한다. 나는 널 위해 시를 쓸 자격도 없다. 너의 열일곱 살은 모든 언어와 인공 기념물을 초월하였다.

나는 아직 살아서
크지도 작지도 않은 더러운 이름을 달고 있다
나는 꽃 한 다발과 시 한수를 받들고
열일곱 살의 미소 앞으로 걸어갈
용기와 자격이 없다
설령 열일곱 살 너에게
어떤 원한도 없다는 걸 알더라도

열일곱 살의 나이는 나에게 말한다
생명은 일망무제의 사막처럼
아무런 화려함도 없는 소박함일 뿐이라고
나무도 필요 없고 물도 필요 없고

꽃도 필요 없는 소박함만이
태양의 학대를 견딜 수 있다

열일곱 살이 길 위에 쓰러지자
그때부터 길은 사라졌다
진흙 속에 길게 잠든 열일곱 살은
마치 책처럼 편안하다
열일곱 살은 이 세상에 와서
순결무구한 나이를 제외하고는
아무 것에도 미련을 둘 것이 없다

열일곱 살이 호흡을 멈추었을 때
기적처럼 절망이 사라졌다
총알은 산맥을 꿰뚫었고
경련은 바닷물을 미치게 하였지만
모든 꽃들이, 오직 한 가지 색깔로
일치되는 시각에도
열일곱 살에겐 절망이 없었고
절망할 수도 없었다
너는 미완성의 사랑을
백발의 어머니에게 바친다

일찍이 너를 집안에
감금했던 어머니
오성홍기 아래에서
가족을 제거당한

고귀한 혈연의 어머니는
네 임종 때의 눈빛에 의해 깨어났다
어머니는 네 유언을 가지고
모든 무덤을 편력한다
어머니가 쓰러지려 할 때마다
너는 네 혼령의 숨결로
어머니를 부축하여
다시 길을 떠날 수 있게 한다

나이를 초월하고
죽음을 초월하여
열일곱 살은
이미 영원하다

1991년 6월 1일 심야, 베이징에서
(給十七歲 – "六‧四"二週年祭)

질식당한 광장 - '6·4' 3주년 추모제

이곳은 전 세계에서 가장 큰 광장
사람들과 함성이 가득 했다가
단지 한순간에
수은이 흩어지듯 모두가 도주하였다
공포 이외에는
바로 광활함뿐이다
순도자의 창백함 속에서
철모와 새벽 빛은 함께 춤을 췄다
하느님에게 심판 받은 사람은
바야흐로 어떤 창구를 통과하여
여명의 컵 속에 가득 찬
자흑색(紫黑色) 액체를 감상하고 있다

광장을 뚫고 지나갈 용기가 있는 남자는
걸어서 태양계도 뚫고 지나갈 수 있다
타고 남은 재가 일단 불타오르면
따뜻한 어휘가 된다
푸르고 떫은 과일은
죽음 속에서 무르익어
장미를 필요로 하지 않는 여인에게
바쳐진다

그녀의 목소리는 장맛비 속의 빨간 우산처럼
지옥을 환하게 밝혀준다
무자비하게 진격해온 탱크를 마주보고
꼿꼿이 서서
부드러운 팔뚝을 흔들었다

그녀가 쓰러지는 한순간
사방은 광활하였다
누군가 떨어뜨린 폐지가
불룩 솟은 그녀의 가슴 위로 떨어졌고
또 한 줄기 바람에 흩날려
기다란 두 팔뚝을 덮었다
그녀는 여태껏 『성경』을 읽은 적이 없을 것이므로
하느님에 의해 길가에 쌓인 쓰레기 옆에
버려져서는 안 된다
또한 그 핏방울이
젊은이의 꿈속에서 휘날리는
긴 머리카락에 튀어서도 안 된다

만약 또 다른 어느 봄날
그녀가 남자 친구와 손을 잡고
이 광장을 걸어간다면
아마도
우연히 밟아 죽인 벌레 때문에
놀라 탄식하지는 않을 것이다
그 시각, 핏기 잃은 그녀의 입술은

지하의 좀벌레를 놀라게 하였고
좀벌레들은 머뭇머뭇 집게발을 뻗어
오직 피비린내만을 붙잡고 있었다

죽음과 공허로 덮인 이 광장은
절대 권력을 위해
모든 생명을 질식시키고 있다

죽음에 의해 빚어진 그 처녀는
순수한 시 한 구절을 쓰기 위해
모든 문자를 내던져버렸다

1992년 6월 6일 베이징에서
(窒息的廣場 - "六·四"三週年祭)

한 떨기 담배는 혼자서 타고 있다
- '6·4' 4주년 추모제

커피
아이스크림
위스키 속의 청량한 얼음덩이
몇몇 외국인이 내게 질문을 던진다
나의 대답에는
큰 호텔의 화장실과
공중변소의 역한 냄새가 혼합되어 있다

몸에서 유리된 손가락 사이
한 떨기 담배가 혼자서 타며
영혼과 사각(死角)인
90도의 직각을 이루고 있다
어떤 꿈나라엔 핏빛이 붉고
텅 빈 배경은 움찔움찔 경련을 일으킨다
커다란 화재가 지나간 후의 수풀
잔존한 가지 위에서
불에 그을린 깃털이 봄날을 강의하고 있다

대화
웃음

재즈 음악에 얼굴도 흐릿해지고
담뱃불은 이미 끝까지 타들어간다
꽁초의 기억은 임종 전에
새 옷의 찢어진 틈새로
돌연 초록빛을 드러낸다
부서진 유골로
술값을 계산할 수 있다
종업원은 미소를 지으며
신선하지 않은 과일 바구니를 보내온다

악수
포옹
다양한 언어로 작별 인사를 나누고
무덤엔 국적이 없다
한 손이 빈 술잔에서
마지막 몸부림에 떠는 꽁초로 옮겨간다
투명한 재떨이에는 시체가 전시되어 있고
담뱃재와 침 그리고
밤 생활의 짓무름이 담겨 있다
봄날은 아주 춥다
나의 취기는 발자국 속의 도청기에 의해
미행당하므로
나는 잠시도 멈출 수 없다

오래된 도시의 면모는 일신하는데
오직 그 날만은

치명적인 병균처럼 진부하여
아무도 가까이 가려 하지 않는다
나는 혼령을 보았다
그 혼령은 스트레이트 파마를 한 처녀가
큰길과 별빛 사이에 서 있는 것 같았다
자동차 물결 속에서 방향을 잃은 자
그것이 지금 천지간의 전경이며
바로 이 시각
살아남은 자의 생명이다

       1993년 5월 31일 베이징 술집에서
       (一顆烟獨自燃燒 - "六·四"四週年祭)

돌멩이 하나의 부서짐에서 시작하다
- '6·4' 5주년 추모제

이곳에서
함몰을 시작한다
돌멩이 하나의 부서짐은
올곧을 뿐만 아니라 깊이를 가늠할 수 없다
어떤 자가 미친 끝에
대지를 핍박하여 그와 함께
살인 유희를 즐기게 한다

장님의 눈가에 검은색으로 둘러싸인
불꽃이 배회한다
아직 탄생하지 않은 사람이
나보다 먼저 죽고
어머니의 자궁은 지옥으로 변한다
지옥은 양수의 양육 아래에서
살인마의 천당으로 변한다
아우슈비츠 혹은 예루살렘은
시체 태우는 소각로의 단련을 거쳤으므로
통곡의 벽의 벽돌은 그처럼 단단하다

그처럼 놀라운 망각은

폐허를 도와 죽음에서의 부활을 가능하게 한다
행운을 좇는 자는 부패에 의해 길러지며
한 장의 참회서로 구차한 삶을 이어간다
모기떼가 들끓는 시체는
눈처럼 새하얀 담장에 붙어서
내뻗은 손으로 콘크리트를 두드린다
손금은 거리의 균열로 바뀌고
그 틈새로 여명의 피가 가득 스며든다

눈을 감기 전에
마치 핵무기가 시가에 불을 붙여
지구를 폐암에 걸리게 하는 것처럼
대검이 또 한차례 번쩍이며
내장을 샅샅이 비춘다
애인에게 고별인사를 하며
부드러운 몸속에서
베어지는 감각을 찾는다
아마도 생애 최초의 직시는
틀림없이 또 다른 눈빛에 의해 파괴될 것이다

대뇌 속의 신발 한 짝으로는
기억으로 통하는 길을 찾을 수 없다

1994년 6월 5일 베이징 자택에서
(從一塊石頭的粉碎開始 – "六・四"五週年祭)

기억 - '6·4' 6주년 추모제

1

밤은
도시의 날카로운 변두리에 걸려 있다
여러 차례 깨어나 무엇인가를 분명하게 보려 하였고
심연에 다가가듯 여러 차례 잠이 들었다
자욱한 안개는 몸속에 가득하고
미풍이 이따금씩 반짝거린다
바늘 하나 혈관 속을 흘러다니며
지리멸렬한 어구들을 꿰매고 있다
생각의 실마리는 끊어져
헤어진 연인처럼
피차간의 배반을 원망하고 있다

2

유배된 망상에는
간명하고 깨끗한 허무가 필요하다
거꾸로 가는 세월은 그냥 흘러가는 세월과 같고
피바다 속의 얼굴은 눈을 부릅뜨고 있다
먼지 냄새가 흩어져 날리면

기억의 공백은
현대화된 슈퍼마켓 같다
오늘은 연인의 생일
매 시간 시간이 모두 진귀하므로
반드시 깨끗한
100웬짜리 지폐와 신용카드로
욕망을 가득 채워야 한다

3

내 자신이 사건의 생존자임을 의식하나니
끝간 데까지 경악과 수치를 느낄 수 있다
살아가는 것이 숙명임을 의식하고
나는 거의 줄줄 눈물을 흘리거나 경련을 일으킨다
자유는 명품 넥타이어서
향내 나는 옷장 속에 걸어둔다
존엄은 써도 써도 다 쓸 수 없는 수표
호텔과 대형 매장
은행과 주식 시장에서
천번 만번 지불된다
저 수없이 많은 격동의 얼굴들은
일찍이 깃발이었고 구호였고 표어였고
자유의 여신상의 횃불이었다
그러나 한바탕 어두운 비가 지나간 뒤에는
아무도 읽지 않는 추도사가 되었다

4

죽은 자들이 길을 떠날 때
나는 배웅도 하지 못하였다
외교관 아파트의 드넓은 욕조에는
겁에 질린 더러운 육체가 누워 있었다
군용 트럭은 입체 교차로 위에서 불타고 있었고
총구는 베란다 위의 촬영기를 조준하였다
파란 눈과 검은 눈들은 서로 마주 보며
자기 집 방문 열쇠도 찾지 못하였다

그러나 누군가, 탱크 앞에 서서
두 팔을 흔들던 젊은이를
우연히 촬영하여
전 세계를 감동케 하였다
그러나, 탱크의 포구(砲口) 외에는
아무도 그의 얼굴을 분명하게 보지 못하였다
그의 이름을 아는 사람도 없다
그 뒤로는 그 뒤로는
그는 종적이 묘연해졌고
일찍이 그를 위해 눈물을 흘리던 세계는
그의 종적을 찾는 일에 이처럼 게으르다

먼 길을 떠날 때 그들은 아직 젊었다
땅에 쓰러진 순간에도
한 가닥 생기로 인해 꿈틀꿈틀 몸부림을 쳤다

화장장 뜨거운 불 속에 던져졌을 때도
그들의 몸은 아직 부드러웠다
무명의 시체가 한 줌 재로 변하자
한 시대 혹은 길고 긴 역사는
기껏해야 한 줄기 푸른 연기가 되었다

5

생활은 무차별의 연속일 뿐이다
하루와 1년은 구별이 없고
연애와 음모도 구별이 없다
흡연, 한담, 술집
섹스, 안마, 사우나
탐욕, 매관매직, 인신매매
가죽이 벗겨진 신체와
사명을 욕되게 하지 않는 저 늠름함
시간은 정말 정신 병원에 입원하였다
금전은 그렇게도 쉽게
대검과 거짓말을 용서하였다
편안한 세월은 학살을 대신해온
변명의 이유를 향유하였다
마치 유가(儒家)와 도가(道家)가 상호보완해주는 형이상학이
　모든 사람들이 수용하는 이상이 된 것처럼

6

이 민족의 영혼은
무덤을 기억 속에서 궁전으로 만드는데 익숙하다
노예의 주인 면전에서
우리는 이미 어떻게 무릎을 꿇어야
가장 아름다운지를 배웠다

1995년 6월 3일 베이징 서북쪽 교외 공안국 연금 장소에서
(記憶 – "六・四"六週年祭)

나는 나의 영혼을 방탕하게 하리라
- '6·4' 7주년 추모제

1

나는 장애인
총알에 관통당한 다리를 끌고 있다
눈빛은 붕대에 감긴지 너무도 오래
썩어 문드러진 예리함을 흩뿌리면서
나의 손가락은 나의 호흡처럼
저질의 담배를 끼고
유독한 담뱃재를 털어놓는다
영혼은 매음하는 육체처럼
벌거벗었다
얼음같은 차가움이 달라붙은 돌 계단
지하의 흐느낌은 버려진 영아가
녹슨 바늘 끝 위에 누워 있는 것

2

나는 장애인
혈혈단신으로
죄악에 의해 불구가 된

이 도시로 걸어 들어 간다
목숨을 살리는 빵을 구걸하기 위하여
나는 자유를 증권시장에 건네주었다
탐욕과 기만은
기차의 후미처럼
공기와 태양과 인간의 표정을 오염시킨다

그 혁명의 연회가 파한 뒤
행운의 영웅들은 바다를 건너가
여론 몰이와 성금 모금 행사에 계속 참가하였다
어쩔 수 없이 살아 남은 우리의 영재들은
동료의 시체를 매장할 겨를도 없이
바짓가랑이의 혈흔을 닦을 겨를도 없이
곧바로 드넓은 상업의 바다로 뛰어 들어갔다
돌아갈 집도 없는 혼령들은
굶주린 배에서 꼬르륵 소리가 나는 들개들처럼
배를 채울 뼈다귀 하나도 찾을 수 없었다

민주를 위한 그 집회의 술잔이
계엄령의 총알에 박살난 뒤
도처에 공짜 파티가 벌어졌다
몸값이 10만원이나 되는 황금 파티의
먹고 남은 찌꺼기 속에는
아직도 일본에서 수입한 금박지 몇 조각이 남아 있었다
무죄의 기쁜 표정을 드러내며
몇몇 남자들은 아내 앞에서조차

온통 술냄새를 풍기며
오입질 할 때의 피로한 경험을 떠벌려댔다
국장(局長), 재벌, 작가와 학자들이
서로 경쟁한 것은 돈과 명예가 아니라
누구의 좆이 단단하게 발기하여
쓰러지지 않는가였다
한밤중에서 세기말의 여명까지
태국의 해변에서 뉴욕 제72가까지

3

나는 혼돈 속에 몸이 뻣뻣해져서
감히 자리도 옮기지 못하고 감히 허리를 굽힐 수도 없었다
비천함이 내 몸 곁을 오르내렸고
외설이 심장을 꿰뚫었다
사람들의 미소는 아주 순결하여
오직 인민폐의 광채를 번쩍이며
운명으로 정해진 순난(殉難)의 길을
기녀(妓女)의 입술 자국과 중첩시키며
비명과 피울음조차도 경박하고 방탕하게 내팽개치고
코카콜라로 목마름을 해소해야 했다
장쩌민의 핵심적인 주선율 이론
즉 잔존해온 폭력 어법은
홍콩과 타이완의 부드러운 언어로 포장되어
평화 시대 문화의 입술연지가 되고 있다

80년대에 등단한 한 선봉파 작가는
중난하이(中南海)의 붉은 담장을 뚫고 들어가 오줌을 갈겼다
'인민을 위해 복무하자'는 누린내 나는 구호는
BBC의 헤드라인 뉴스가 되었다
그는 또 무역 거간꾼과 어깨동무를 하고
찢어진 콘돔을 무더기로 수입하였다
불후의 홍색 유머의 매력은
정교한 말재주에서 온 것
케이크를 자르는 작은 칼처럼
달콤하게 인간의 존엄을 잘랐다
오리엔탈리즘으로 공자를 부활시키는 것을
사이드는 무겁게 탄식하였다
그건 무덤 속에서나
중화 진흥의 방귀를 뀌는 일이다
아!
허리를 펴니 얼마나 편안한가!
흘러가는 것은 이와 같도다
위기 속의 중화 대지는
이 시각 얼마나
부패한 자본주의와
죽음에 직면한 공산주의와
몰락한 봉건주의를 필요로 하는가?

4

누추한 우리 집은
리평의 대저택과 바로 이웃해있다
완셔우로(萬壽路) 1번지로 통하는 아스팔트 길은
드넓은 창안가(長安街)와 비교해보면
시골 마을의 좁은 오솔길과 같다
그러나 매일 어느 시각이 되면
이곳은 경찰로 가득찬다
모든 차량은 길을 우회하여
검은 '벤츠'가 지나가게 해야 한다
차에 탄 사람은 졸면서
아들이 거금을 가지고 해외로 도피하는 꿈을 꾸고 있다

교교한 달빛 아래서
이곳을 통과하는 차들은 항상
갑작스런 심문을 받아야 한다
길 양편 나무 줄기에는
수갑을 찬 남녀들이 붙어서 있다
그들이 서로의 관계를 분명히 말하지 못하면
마스카라를 짙게 그린 여자는 창녀로 의심되고
핸드폰을 들고 있는 남자는 삐끼로 인정된다
무장경찰의 철모는 별빛을 흡수하여
공포스럽게도 밤의 혈관을 꿰뚫고 있다
빨간 손톱, 초록 손톱, 파란 손톱도
이처럼 강건한 전사를 유혹할 방법이 없다

오직 영도자의 얼굴이 인쇄된 고액 지폐만이
구걸하는 표정으로
이와 같은 야밤을 매수할 수 있다

5

암흑이 통치하는 도시는
일찌감치 목구멍이 막혀버린 여명과
작별을 고하고
다시 한번 마오타이(茅台)와 브랜디와 정액이 스며든 밤을
맞이하고 있다

후안무치하게
완전한 아름다움에 접근해가는 이 도시에서
모든 것은 두껍게 포장되고
오직 잔인함만이 투명하다
순수하게 투명하다

정의조차도 광고판의
허벅지에 의해 판촉 되는 이 시대에
자아를 모독하는 사람은
태양의 면류관을 쓸 수 있다
의식의 성대함은 마치
껍질을 벗겨낸 밀감처럼
오렌지색 여린 속살을 드러내면서
미각을 잃어버린 혓바닥을 자극하고 있다

나는 장애인
이 같은 도시 이 같은 시대를
탈출할 힘이 없다
유일한 행운은
내게 아직 추방된 영혼이 있다는 것
영혼은 다리도 없고 눈도 없지만
양 손에 지팡이를 짚고
방향도 분별하지 않고
비바람도 피하지 않고
온 사방을 유랑할 수 있다

                        1996년 6월 2일 – 7일 베이징에서
                        (我將放縱我的靈魂 –"六・四"七週年祭)

그날 - '6·4' 8주년 추모제

그날은
일종의 질병이다
조상께서 첫 난교를 행하신 뒤로
그것은 유전되어
황제의 정자 속에 잠복해 있다가
운명이 되었다
그날은 면역력 없는
자손을 선택했다
여와가 진흙으로 사람을 만들고 하늘의 구멍을 막았어도
정위가 목숨을 걸고 바다를 메웠어도
담사동(譚嗣同)의 몸과 머리가 다른 곳에 묻혔어도
민족의 건강을
회복할 방법은 없었다

5천년 이어져 온 불치의 병이
갑자기 양약(良藥)을 얻었다
그날
우리의 유약한 골수에
유일한 한차례 굳건한 기회가 주어졌다
거울에서 온 하늘에 이르기까지
우리는 더 이상 아Q식의 허영을

감상할 이유를 찾을 수 없었다
그날의 절망은
우리를
퇴로도 없는 절벽 위로 내몰았다
몸과 뼈가 부서지는 순간이 바로
질병이 치유되는 시각이었다

만약 창세기의 혼돈 속에서
우리가 자신을 사람으로 간주하였다면
성현의 가르침은 우리들에게
자부심과 경외심과 겸손함을 갖게 했으리라
만약 우리가 그 옛날 학살의 칼날 아래에서
연인의 시체를 포옹한 적이 있었다면
왜 그날의 첨예함이
전 세계인의 눈빛은 빛나게 할 수 있었는데도
유독 우리의 눈만은 아프게 찌를 수 없었을까?
왜 그 날의 팔뚝을
자정에서 여명까지 들고 있었을까
선홍색 팔뚝이 검푸르게 될 때까지 들고 있었을까
그러나 우리는 살인마의 가랑이를 향해 기어가고 있었다

발가벗겨진 남녀들은
화장장의 푸른 연기 속에서 서 있다가
대충 머리를 빗질하고는, 심지어
거울을 보고 미소 지을 겨를도 없이
총총히 오성급 호텔로 들어가

호화로운 세트 요리 만찬을 시중들면서
그처럼 세밀하고 정확하게 미소지었다
사람들의 감탄을 금치 못하게 한
진시황 병마용의 청동 마차처럼

우리의 질병이 또 발작하였다
그것은 여태껏 체험해보지 못한 경험
영혼을 잃어버린 우리에게
다행히도 육체만은 남아 있다
발육이 좋은 사지는 이미
철저한 유물론자들의 걱정을 덜어줄만 하다
우리는 하느님의 피조물이 아니어서
여태껏 최후의 심판을 걱정할 필요가 없었다
우리들의 질병은 얼마나 아름다운가
서시(西施)의 아름다움 임대옥(林黛玉)의 아름다움은
모두 이 질병에 뿌리를 내리고 있다

하느님이 또 어떻게 하랴
하느님을 믿는 백인종에게도 사탄은 있고
매일 교회에서 참회하는 금발들도
에이즈에 걸리지 않던가?
연옥의 불길은
헛되이 타고 있을 뿐만 아니라
통치 세계의 인터넷을
부질없이 낭비하게 하면서
이 불치병을 치료할 수 없게 하고 있다

아이고!
우리는 무산자
쇠사슬 외에는
우리는 아무 것도 가진 게 없다
이 얼마나 자랑스러운 가난인가
눈도 없고 귀도 없고
입도 없고 피부도 없고
마음도 없고 기억도 없다
아무 것도 없는 무산자에겐
오직 그날의 그 질병만 남아 있다
백인종들의 가장 치명적인 병이라 해도
어떻게 우리의 병과 비교하랴
그렇게 젊은 에이즈는
겨우 몇 십년의 역사만 갖고 있을 뿐이다
그러나 우리의 질병은
예수의 탄생 이전 아득한 옛날부터 시작되었다

다시 말하면
에이즈는 너무 천박하여
여전히 섹스를 필요로 하지만
도의적인 호소력은 전혀 없다
그러나 우리의 질병은 얼마나 심각한지
배우고 때로 익히면서
호연지기를 기르다가
문득 깨달음을 얻어 부처가 되기도 한다
무지한 자는 아무 두려움이 없고

재산이 없는 자는 아무 염치도 없다
공자에서 궈모뤄(郭沫若)까지
삼황오제에서 당(唐) 나라 황제와 송(宋) 나라 임금까지
정녀(貞女)와 열녀에서 문신과 무장까지
마오쩌둥(毛澤東)에서 덩샤오핑(鄧小平)까지
성현에서 시장통 잡상인까지
....

우리의 민족은
그 질병을 이용하여 모든 걸 방어할 수 있다
왜냐하면 우리 모두는
자궁속에서 후안무치함을 배우고
후안무치해야만 진정으로
두려움 없는 경지에 도달할 수 있기 때문이다
생명을 유린하는 것에서 신령을 모독하는 것까지

우리는 그 질병을 앓은 적이 없었던 것처럼
우리의 그날을 너무 쉽게 흩어버리고 있다

1997년 6월 4일 새벽, 다롄시(大連市) 노동교양원(勞動敎養院)에서
(那個日子 - "六·四" 八週年祭)

또 박두하여 뒷골을 꿰뚫는 고통
- '6·4' 9주년 추모제

요리 접시 속 파리의 시체를 나는
잘게 꼭꼭 씹어서
스러져가는 황혼을 향해 내뱉는다
한 무리 빡빡머리들이 운동장에서
구령에 따라 동일한 동작을 반복하며
조만간 닥쳐올 검사를 기다리고 있다
TV속 자오번산(趙本山) 혹은 쑹쭈잉(宋祖英)
감방 동료들의 와자지껄한 웃음 혹은 잡담
그들은 모든 스타들을 잘 알고 있다
그들은 '내 마음 너무 약해(心太軟)'라는 유행가를 부르며
화면 위의 유방과 엉덩이를 더듬는 걸 가장 좋아한다

나는 여전히 한 구석에 앉아
아내에게 보낼 제609번째 편지를 쓰고 있다
글씨가 갑자기 혼절하며
위장의 경련이 펜 끝을 지배한다
나는 거의 본능적으로
그 시간이 박두했음을 느낀다
찢어진 종이의 뒷면으로부터
내 대뇌의 반골(뒷골)을 관통하며 통증이 일어난다

매일 밤 아내에게
따뜻하게 애무 받던 그 반골(뒷골)
중학교 1학년 때
군중들에 의해 구금되어
곤봉과 벽돌을 맞아 으스러진 반골(뒷골)

맞아서 깨어지던 그 시각에
무덤은 틀림없이 고독했으리라
설령 나에게 용기가 있다 하더라도
다시 한 번 감옥에 갇혀
기억속의 시체를 발굴해낼 용기를
충분하게 갖고 있지 않다
마치 내 자신이 감히
잘게 씹은 파리를 삼키지 못하는 것처럼

죽음은 정의를 매장한 뒤
벌써 죽음을 포기하였다

땅 속의 아이들은
모두 부패하여 단지 머리카락만 남았다
섬세한 흐느낌은 몰래 비상하여
맑은 밤 진눈개비로 하늘을 가득 덮고 있다
미혼모의 자궁에 돌멩이와 얼음덩이가
들어앉은 것처럼
하늘의 심장은 박동을 멈추었다
태아는 인공 유산을 피하기 위해

엄마 뱃속에서부터 자살을 배운다

나는 다시 한 번 단식을 감행한다
신체가 텅 비자, 신앙의 폐허로
들어갈 방법이 없다
백합화가 흙을 찾을 수 없을 때
반골의 깨어진 파편을 주워 모아
그것을 바다 위에 심어서
소금의 추모와 수호를 받게 하리

오늘 밤, 꿈속에선 연인을 만나지 못하고
몸을 떨고 있는 개미 한 마리를 만났다
개미굴을 뚫고 들어온 칼 끝 때문에
개미떼는 경악하였다
개미는 아마도 대학살이 무엇을 의미하는지
알지 못할 것이다
그러나, 지혜로운 생물이
망각 속에서 정신이 점점 마비될 때
개미, 그 전율의 기억이
대지를 완전하게 할 것이다

1998년 6월 4일 새벽, 다롄시(大連市) 노동교양원(勞動敎養院)에서
(又逼近幷擊穿 - "六·四"九週年祭)

시간의 저주 속에 서서 - '6·4' 10주년 추모제

시간의 저주 속에 서자
그날이 유달리 낯설게 느껴진다

1

10년 전 오늘
여명은 피옷처럼 붉었다
태양은, 찢어진 일력
모든 눈빛이
그 유일한 페이지에 멈췄다
세계는 비극적으로 응시하고 있었고
시간은 천진함을 용인하지 않았다
죽은 자들은 토양의 목이 잠길 때까지
항쟁하고 함성을 질렀다

감방의 쇠창살을 잡고 있는
이 시각
나는 모름지기 목 놓아 울어야 하리라
나는 다음 한 시각을 얼마나 두려워하는가
울려고 해도 이미 눈물이 말랐다
한 사람의 무고한 죽음을 분명하게 기억한다

눈 한가운데로
한 자루 대검이 냉정하게 뚫고 들어왔다
실명의 대가로
백설 같은 뇌장(腦漿)을 교환하였다
뼈와 살이 짓이겨지던 그 기억은
오직 거절의 방식으로만
완전하게 표현할 수 있다

2

10년 후의 오늘
오성홍기는 바로 여명
훈련으로 숙달된 병사가
가장 모범적이고 가장 장엄한 자세로
하늘 가득한 거짓말을 수호하고 있다
깃발은 새벽빛 속에서 바람을 맞아 나부낀다
사람들은 발길을 내 디디며, 목을 길게 빼고
호기심 속에서 놀라움과 경건함을 느끼고 있다
한 젊은 엄마는
품속 아이의 작은 손을 들어
하늘 가득한 거짓말을 향해 경례를 하고 있다

또 다른 백발의 어머니는
영정 속의 아들에게 입맞추며
아들의 모든 손가락을 펴서
손톱에 밴 핏자국을 꼼꼼하게 닦아주고 있다

어머니는 아들을 지하에서 편히 쉬게 해줄
한 줌 토양도 찾을 수 없어서
어머니는 아들을 벽에 걸어둘 수밖에 없었다
이름 없는 무덤을 모두 편력한 이 어머니는
한 세기의 거짓말을 폭로하기 위하여
재갈이 채워진 목구멍 속에서
질식한 이름들을 후벼 파내었다
그리하여 자신의 자유와 존엄으로써
망각에 대한 규탄을 진행하다
경찰에게 미행당하고 도청당하고 있다

3

이 세상에서 가장 큰 광장은
이미 깨끗하게 정리되었다
그것은 마치 산골에서 태어난 유방이
한 고조가 된 후에
어머니를 신룡(神龍)과 사통시켜
가족의 영광을 꾸며낸 것과 같다
그렇게 오래된 윤회가
장릉(長陵)에서 기념당까지 이어졌다
살인마는 모두 장엄하게 안장되어
호화로운 지하궁전에서
몇 천 년의 역사를 격하고도
혼군(昏君)과 폭군 간에
살인 보검의 지혜를 토론하며

순장자의 배례를 받고 있다

다시 몇 개월이 지나면
이곳에서 성대한 경축대전이 거행될 것이다
기념당 속에 완벽하게 보존된 시체와
황제의 꿈을 꾸는 살인마들이
마치 진시황이 무덤 속에서도
불후의 병마용을 사열하는 것처럼
톈안문 광장을 행진하는
살인 도구를 함께 사열할 것이다
그 시각, 그 유령은
생전의 찬란함을 되돌아볼 것이고
하는 일 없이 앞 시대의 업적을 까먹고 있는 뒷 세대는
유령의 보우 아래에서
백골로 만든 황제의 지팡이를 이용하여
새로운 세기가 더욱 아름다워지게 해달라고 기도할 것이다

고운 꽃과 탱크 가운데서
경례와 대검 가운데서
비둘기와 미사일 가운데서
질서정연한 행진과 마비된 표정 가운데서
지난 세기는 종결되고
그 속엔 피비린내 나는 암흑이 깃들어 있을 뿐이고
새 세기가 시작되지만
한 가닥 생명의 빛도 비치지 않는다

4

식사를 거절하고
수음을 멈춘 채
폐허에서 책 한 권을 주워
시체의 겸허함에 경탄한다
나는 모기의 내장 속에서
검붉은 꿈을 꾸며
철문 감시 구멍으로 다가가
흡혈귀와 대화를 한다
더 이상 그렇게 소심할 필요도 없이
갑작스런 위 경련이
나에게 임종 전의 용기를 주어
한 시간 동안 저주를 퍼붓게 해주었다
50년의 찬란함
오직 공산당만 있고
신중국은 없다

1999년 6월 4일 새벽, 다롄시(大連市) 노동교양원(勞動敎養院)에서
(站在時間的詛呪中 – "六·四"十週年祭)

쑤빙셴(蘇氷嫻) 선생에게 헌정함
- '6·4' 11주년 추모제

(1)

당신이 갑자기 떠났다는 흉보를 듣던 때
마침 겨울에도 보기 드문 대설이 내리고 있었다
더러운 베이징을 위하여
위장술을 발휘하던 시각
톈안문 광장을 지키던 무장경찰은
한 아이의 눈사람을
구둣발로 차서 부수고 있었다

나는 11년 전을 상기한다
당신의 아이도
저 눈사람처럼
죄악의 총알을 맞고 부서졌다
총소리가 울린 후
공포스럽게도 각자의 대뇌에
도청기가 설치되어
탄식과 눈물조차도 녹음되고 있었다

(2)

애도도 허가되지 않았고
회고도 허가되지 않았고
아들을 잃은 어머니가
남편을 잃은 아내와 만나는 것도 허가 되지 않았고
또 하반신 불수가 된 청년이
휠체어를 시험 운행할 때, 뒤에서
부축해주는 것도 허가되지 않았고
과부가
꽃다발을 받는 것도 허가되지 않았고
고아가
새 책을 받는 것도 허가되지 않았고
어떤 온정의 손길이
돌아갈 곳 없는 원혼에게
흙 한 줌을 뿌리고 화초 한 그루 심는 것도 허가되지 않았고
몇 명 남지 않은 눈들이
살인마의 은신처를 찾는 것은 더더욱 허가되지 않았다
불허 불허 불허 불허……
11년 전에는
갈라진 대지에
비 한 방울 뿌리는 것도 허가되지 않았고
11년 후에는
눈사람이 짧은 생명을 유지하는 것도 허가되지 않았다

(3)

대대로 원혼이
쌓이듯이
눈이 내린다
저 옥처럼 청결한 모습은
가공의 허상으로 보인다
붉은 태양이 모습을 드러내면
오직 무더기를 이룬 쓰레기만이
기억을 가득 채운다

대검은 몸과 그림자를
떼어놓을 수 있고
눈꽃과 대지도 절단할 수 있지만
촛불과 밤은 갈라 놓을 수 없다
어떤 형식의 제례도
일찍이 뜨거웠던 피에 비해서는
너무나 창백하다
당신은 선혈을 하늘 가득 내리는 대설이 되게 하여
무덤의 모습으로 하늘 위를 펄펄 날게 한다

(4)

죽음에 관해
나도 할 말은 많지만
당신이 임종전 눈으로 전한 말보다

결코 많을 수가 없다
눈길을 던질 때마다 전해져오는 떨림은
최후의 심판보다
결코 약하지 않다

                       2001년 1월 17일, 베이징 자택에서
                      (獻給蘇氷嫻先生 - "六·四"十一週年祭)

널빤지의 기억 - '6·4' 12주년 추모제

나는 널빤지
한 치 반 두께의 장방형 널빤지
버려진 운명 때문에, 나는
한 청년과 만났고
나의 세밀한 나무 무늬에는
탱크와 맨몸의 대치에 의해 놀란 여명이
총알을 맞고 죽음의 골목으로 쫓겨 들어간 여명이
보존되어 있다

창안가(長安街)가 움찔 거릴 때
나도 따라서 전율하였다
탱크의 무한궤도가 나의 한 켠을 깔아뭉개며 지나가자
식물섬유가 압출되면서
내 몸이 찢어지는 소리가 났다
나는 도망치고 싶었고
강철이 나보다 강하다는 걸 알고 있었지만
나는, 도망칠 수 없었다!

그 곁, 멀지 않은 곳에
이미 형체를 알아볼 수 없는 한 무더기 육체가
너무나 가까이 있었다, 머리 중앙에는

커다란 구멍이 뚫려 있었다
아주 깊고도 어둡게, 피비린내는
이미 나의 무늬 깊은 곳까지 스며들었다
두부 같이 새하얀 것
그것은 무엇이었던가?

그것은 무엇이었던가? 나는 모른다
내가 태어난 곳의 돌멩이처럼
그는 나보다 용감하였다
그러나 내가 보호해주고 있는 조그만 풀처럼
나보다 훨씬 연약했고 나보다 훨씬 아파하였다
나는 그를 구하려 하였다

그와 똑같은 생명들이
도망, 도망쳤다, 가능한한 빨라야 했다
그들은 나보다 젊었지만
탱크의 무한궤도를 마주하자
그들은 나보다 연약하였다
가능한한 멀리 도망가야 했다
아직 덜 자란 여린 풀이었다

이리 와! 벌써
도망칠 힘조차 없는 청년은
오물로 뒤덮인 내 몸 위에 누웠다
나는 단지
버려진 널빤지일 뿐이고

강철의 압살에 항거할 힘도 없었지만
나는, 너를 구하고 싶었다
시체이든 마지막 숨결이든

이리 와! 머리에
큰 구멍이 뚫린 청년아
나는 부릅뜬 네 눈에서
강철 더미를 뚫고 온 광기를 보았다
탱크를 몰고 온 사병은
심지어 너보다도 어렸다

이리 와! 방금까지
동료들과 손에 손을 잡고
검은 대포 구멍과 총구를 향해
팔뚝을 휘두르던 청년은
하늘을 바라보던 눈을 감고
피와 백색의 뇌장(腦漿)으로
나와 사지가 손상된 너를
한 몸이 되게 했다
단단히

나는 마지막 심장 박동이
무엇을 말하는지 귀를 기울였다
나는 갈갈이 찢긴 피부 아래
냉각되어 가는 혈액 속
마지막 남은 한 가닥 온기를

어루만져주고 싶었다
가능하다면, 그 온기를
네가 가장 걱정하던 여자 친구에게 전해주고 싶었다

이리 와! 창공처럼
드넓은 청년아
비구름도 없고 하늘을 나는 새도 없다
가능하다면
내가 널 집으로 데려다 주고 싶다
네 친척들이 동의한다면
나를 초라한 관으로 삼아다오
너와 함께 땅속으로 들어가고 싶다
나의 뿌리와 나의 집은 땅속 깊은 곳
너와 함께 눈을 부릅뜨고
땅속에서 네가 편안히 눈감는 날을
울창한 숲이 우거지는 날을
기다리리라

만약 우리가 이렇게 할
겨를조차 없다면
꼼짝도 하지 않고 서로의 몸을 단단히 의지한 채
우리 함께 강철에 깔려 분말이 되어
갈라진 아스팔트 틈으로 스며들자
그리하여 베이징 류부커우(六部口) 거리
창안가 흙속에 몸을 맡겨
댕댕이덩굴(常春藤)로 변신한 뒤

이 날의 기억을 보존하자

2001년 5월 30일, 베이징 자택에서
(一塊木板的記憶 - "六·四"十二周年祭)

'6·4', 무덤 - '6·4' 13주년 추모제

황제의 지팡이와 병마용을 수호하면서
세계를 경탄케 하고 있다
궁전보다 더 화려한 13릉
또 한차례 서양인을 경악케 한
마오쩌둥의 기념당은
노예의 심장 한가운데 세워져 있다
우리의 길고 긴 역사는
전적으로 제왕의 무덤의 찬란함에 의지해있다.

그러나 6·4는
묘비도 없는 무덤
온 민족과 전체 역사에 치욕을 아로 새긴
무덤

13년 전
그 피비린내 나는 밤
공포가 정의를 유린하는 대검 위로 깔리고
청춘을 깔아 뭉개는 탱크를 내버려두고 도망쳤다
13년 후
모든 여명은 거짓말에서 시작되고
모든 밤은 탐욕으로 끝난다

그리고 금전이, 모든 죄악을 용서하자
모든 것들은 다시 포장되었다
오직 잔인함만이 투명하다
순수하게 투명하다

6·4, 무덤
망각에 의해 황량해져가는 무덤

이 광장은, 겉보기엔 아주 완벽하게 아름답다
마오타이와 브랜디와 전복 파티에 의해
의식(儀式)과 보고와 3개 대표이론에 의해
세컨드와 정액과 붉은 손톱에 의해
가짜 담배와 가짜 술과 가짜 학위에 의해
경찰차와 철모와 전기 곤봉에 의해
완벽하게 새로워졌다

당시 단식으로 숨이 넘어가던 학생들은
이제, 아이를 데리고
이곳에서 한가롭게 연을 날린다
인민대회당에서는 지금 등불을 환하게 밝히고
공산주의청년단 80주년 행사를 경축하고 있다
청년 대표들은 문밖의 계단에서
일찍이 같은 또래 세 명의 젊은 학생이
오래 오래 무릎을 꿇은 채 일어나지 않았다는 사실을
전혀 모른다
또 당시 대회당에서는

산소호흡기를 꽂은 단식 학생 대표와
도살자 간에 첨예한 설전이 벌어졌다는 사실을 모른다
……
모른다, 모른다, 정말 모른다
역사가 뭐가 대수겠는가? 눈앞의 일이 가장 중요한 법이다
노쇠한 보고 방식과 청년의 웃는 얼굴
원형 샹들리에는 핵심을 선회하고
새로운 세대 베이징(北京) 대학생과 칭화(淸華) 대학생들은
거짓말과 강권을 향해 오래오래 끊이지 않는 박수를 보낸다
그들에게는 금화로 포장된 평화로운 앞길이 보장되어 있다

6·4는, 무덤
공포에 의해 감시당하는 무덤

13년은 결코 길지 않았지만
나의 발 아래에서
갈라진 틈은 바닥을 알 수 없는 심연이 되었다
발바닥에 파고든 바늘에는
반짝임과 예리함은 벌써 사라지고
얼룩얼룩한 쇠녹만이 피와 범벅이 되어 있다
황량한 묘지가 녹색을 필요로 하듯
내 마음의 행진에는 지팡이가 필요하다
그러나 성묘객은
혼령과 통하는 길을 찾지 못한다

모든 도로는 폐쇄되어 있고

모든 눈물은 감시당하고 있고
모든 꽃들은 미행당하고 있고
모든 기억은 세척당하고 있고
모든 묘비는 여전히 텅 비어 있다
살인마의 공포는
반드시 그 공포로 말미암아 위안받는다

6·4는, 무덤
영원히 눈 감을 수 없는 무덤

망각과 공포 아래에서
그날은 매장당하였지만
기억과 용기 가운데서
그날은 영원히 살아 있다
대검에 잘려 나간 손가락
총탄에 관통 당한 두개골
탱크에 깔려진 신체
포위로 차단당한 추모제는
죽지 않는 돌멩이
그리고 돌멩이는, 함성을 지를 수 있다
또 묘지를 늘 푸르게 덮어주는 야초
그리고 야초는, 비상할 수 있다
심장 한가운데로 찔러 들어온 바늘 끝은
피울음으로 반짝이는 기억을 교환한다

6·4는, 무덤

시체에 생명을 보존하게 해주는 무덤

그러나 살아있는 사람
흉악하고 음란하고
사기를 치고 독재를 하고
졸부이고 안락하고
무릎을 꿇고 구걸하는
사람은 모두
하나 하나 바야흐로 썩어가고 있다

2002년 5월 20일, 베이징 자택에서
("六・四", 一座墳墓 – "六・四"十三週年祭)

저 혼령의 눈빛 아래에서 - '6·4' 14주년 추모제

눈꼬리에 원혼의 눈빛 한 줄기가 비집고 들어온다. 보이지 않는 상처는 갑자기 찢겨진 생각처럼 불안한 목소리로 무덤 속 이야기를 들려준다. 너무 오래 억압되었지만 그 비밀스런 음모는 여전히 화려한 거짓말 속에 감금되어 있다. 상처가 중첩된 눈빛으론 현실을 직시할 수가 없어서 무수한 곡절을 두루 겪은 후에야 비로소 암흑 속에서 가끔씩 빛을 반짝이며 황폐한 영혼의 구석진 곳을 꿰뚫어본다.

어린 시절의 습작을 책상 서랍 속에 묵혀 두듯 한 덩어리 묵은 빚을 무고한 눈 속에 파묻는다.

그때 세계는 자신을 지킬 수도 없는 한 마리 양, 벌거벗은 태양에 의해 도살당하였다. 하느님도 경악하여 아무 말도 하지 못하고 침묵 속에서 눈물 흘리며 탄식할 뿐이었다. 그리고 이어진 건 교역, 핏자국은 금전에 의해 깨끗하게 청소되었고, 정신의 파멸이 세기말의 성대한 축전에 점철되어 있다. 그러나 성실과 존엄, 모성애와 연민은 가죽이 벗겨진 시체, 끊임없이 독재 권력의 행진 대오로 비집고 들어간다. 경축 행사는 피비린내에서 시작하여 인육(人肉)이 낭자한 주연(酒宴)으로 끝난다. 세기말의 죄악과 치욕은 비단같이 화려한 꽃밭 깊은 곳에서 '민족의 위대한 부흥'을 소리 높여 맹세하며 F4의 '끝내주는' 청춘을 흥얼거린다.

사스(SARS)로 인해 냉랭한 황성(皇城)은 14년 전 공포 아래의 휑하고 황량한 분위기를 생각나게 한다. 그러나 이제 점점 시끌벅적해지는 거리는 선혈이 낭자한 육체를 망각하고 있는 듯 하다. 허황한 화려함, 천박한 희망 그리고 성대한 맹세가 신부의 흐느낌을 가린 면사포처럼 잔인한 봄날을 뒤덮고 있다. 수용소에서 죽은 젊은 대학생, 너는 지하에서 14년 전의 혼령을 만났는가- 그들은 너보다 아직도 젊다. 부유하고 번화한 도시 광저우(廣州)는, 한 생명의 돌연한 증발에는 개의치 않고, 화려하고 새로운 식육점의 진열장처럼 원시인의 살육보다 더욱 원시적인 도살을 목도한 후에도 의연히 네온 사인과 마네킹으로 온 도시의 면모를 장식하고 있다.

기억은, 정교하고 후안무치한 언설에 의해 절단되었고, 교묘한 혓바닥은 지금까지도 보이지 않는 독즙을 끊임없이 뿜어대고 있다. 사스 병균이 공기 속에 가득 차자 천자의 발치에는 경황없이 도망치는 사람들로 넘쳐나고 있다.

2백년 전 임대옥(林黛玉)의 아름다운 폐병은 치정(癡情)을 불태워 없앴고, 가보옥(賈寶玉)의 광기어린 가출은 시구(詩句)의 조각처럼 장자의 꿈속 나비가 되어 훨훨 날개 짓하였다. 2백년 후 사스 병균은 사람의 목구멍을 잠기게 하였고, 정치의 사스는 공공 정신의 목구멍을 질식시키고 있다. 그리하여 한 민족은 자유롭게 숨을 쉴 수 없게 되어 수세기 동안 고열과 마른 기침을 계속 이어왔고, 도처에 공포가 만연하여 섬유화 된 폐는 복사꽃처럼 붉은 얼굴로 사망을 표시한다. 오직 '영아탕(嬰兒湯)'을 먹어야 장수할 수 있다며, 썩은 시체를 먹는 연기에 몰두하는 행위 예술은 관상

병균의 난무와 그 어여쁨을 다투고 있다.

일찌감치 맨발로 걸을 필요가 없는 대지에서 시(詩)는 연민을 갖지 못해 멸망하였다. 높이 솟은 건물과 반짝이는 오색 등불은 융화될 수 없는 한 덩이 한 덩이의 돌멩이, 그 차가움은 유일한 온기까지 얼어붙게 하고, 천하의 비와 이슬을 모두 흡수한 탐욕은 대지를 쩍쩍 갈라지게 한다. 잔학은 모래와 자갈에까지 스며들고 후안무치함이 끝도 없이 횡행하는 약탈장은 인성이란 측면에서 한 민족의 파멸을 선고하였다. 그러나 장정(長征) 로켓은 오히려 한가롭게 우주의 문명을 탐색하면서 아울러 국제 시장의 이윤까지 쟁취하고 있다.

사나운 폭행보다 더욱 사람을 절망케 하는 죄악이 기어코 청춘의 정원에서 발생하였고 조직이 엄밀하고 장비도 훌륭한 토비(土匪)들이 마음대로 봄날의 여린 싹을 유린하였다. 사람이 사람을 잡아먹은 적이 있는 원시 시대, 사람과 짐승간의 목숨 건 싸움을 구경한 적이 있는 야만 시대, 몇 백만에 달하는 사람이 화장장 소각로에 던져진 현대, 인류를 멸절시키고 자기의 자매를 폭행한 일은 원자탄보다 더욱 더 파괴력이 강하였다. 곧 바로 시드는 새싹은 없고 곧 바로 썩는 과일은 없지만 모든 것이 아직 도래하기 전에 모든 것은 철저하게 파괴되었다.

'6·4' 이후 저 혼령의 눈빛은 살아남은 자들에게 일종의 시련이었다. 그것은 공적을 세우기 위한 시련이 아니라 참회와 속죄의 시련이었다.

저 혼령의 눈빛은 당신의 눈에 응시당하기 위해 당신을 응시한다. 당신의 귀에 경청당하기 위해 당신의 목소리를 경청한다. 저 혼령이 당신을 우러러보는 것은 당신의 굽어봄과 멸시를 받기 위함이다. 당신이 굽어보면 영혼은 비로소 무덤의 빛에 의해 투과되어 겸허한 불꽃으로 타오르며 비로소 억울한 죄를 깨끗이 씻을 수 있을 것이다.

죽은 자와 산 자의 교감이 동시에 일어날 때, 저 혼령의 굽어봄 아래에서 꿈은 눈물을 흘릴 것이고, 칼끝은 탄식할 것이고, 그림자는 분노할 것이고, 돌멩이는 노래를 부를 것이고, 영혼의 빛은 암흑을 거절할 것이며…… 공포에 의해 초래된 인성은 마침내 썩어갈 것이다.

2003년 5월 26일, 베이징 자택에서
(在亡靈目光的俯視下 － "六·四"十四週年祭)

제3부
나는 죄가 없다

08 헌장(08 憲章 : Charter 08)
- 2008년 12월 10일 공표 -

1. 전언(前言)

올해는 중국 입헌 백년, 『세계인권선언』 공표 60주년, '민주의 벽' 탄생 30주년, 중국이 『시민의 권리와 정치 권리에 관한 국제 조약』에 서명한지 10주년이 되는 해이다. 장기적인 인권 재난과 고난의 항쟁 과정을 거치면서 각성한 중국 시민들은 점차 자유·평등·인권이 인류 공통의 보편 가치이며, 민주·공화·헌정이 현대 정치의 기본 제도라는 것을 명확하게 인식하게 되었다. 이러한 보편 가치와 기본 정치 구조에서 벗어난 소위 '현대화'는 인간의 권리를 박탈하고, 인성을 부식시키고, 인간의 존엄을 파괴해온 재난의 과정이었다. 21세기의 중국은 장차 어느 곳으로 가야 하는가? 이러한 권위 통치하의 '현대화'를 계속할 것인가 아니면 인류 보편의 가치를 인정하고 세계의 주류 문명으로 융합해 들어가 민주 정치 체제를 수립할 것인가? 이제 우리는 회피할 수 없는 선택의 기로에 직면해 있다.

19세기 중기 역사의 거대한 변화는 중국 전통 전제 제도의 부패를 폭로하였고 중화 대지에 '수천 년 역사에서 일찍이 없었던 대변화'의 서막을 열었다. 양무운동은 기계와 물질 차원의 개량을 추구하였고, 갑오년 전쟁의 패배는 재차 때 지난 체제의 허약성을 폭로하였다. 무술변법(戊戌變法)은 제도 차원의 혁신에까지 손길이 미쳤으나 결국 완고파의 잔혹한 진압으로 실패하고 말았다. 신해혁명(辛亥革命)은 외면상으로 2천여 년 동안 지속되어온 황권(皇權) 제도를 사장시키고 아시아 최초의 공화국을 수립하였다. 그러나 당시 내우외환의 특정한 역사 조건의 구속으로 공화정치 제도는 우담바라처럼 한순간에 사라지고 전제제도가 순식간에 권토중래하였다. 기계와 물질에 대한 모방과 제도 혁신의 실패로 인하여 중국인들은 문화상의 병근(病根)에 대한 반성을 깊이 있게 수행할 수 있게 되었고 마침내 '민주와 과학'을 기치로 내건 신문화운동이 일어났다. 하지만 빈번한 내전과 외적의 침입 때문에 중국의 정치 민주화는 탄압 속에서 중단되고 말았다. 항일전쟁 승리 후 중국에서는 다시 한 번 헌정 역사가 시작되었지만, 국공 내전의 결과로 중국은 다시 현대적 일당 독재의 나락으로 빠져들고 말았다. 1949년 건국된 '신중국'은 명의상으로는 '인민 공화국'이었지만 실제상으로는 '공산당 천하'였다. 집권당은 정치·경제·사회 부문의 모든 자원을 농단하고, 반우파 투쟁, 대약진운동, 문화대혁명, 6·4 천안문 사태, 민간종교 활동과 인권 수호 운동에 대한 탄압 등 일련의 인권 재난을 야기하여 수천 만 명의 생명을 앗아갔으며, 이에 국민과 국가는 모두 지극히 참혹한 대가를 치러야 했다.

20세기 후반기의 '개혁 개방 정책'에 따라 중국은 마오쩌둥 시대의 보편적 빈곤과 절대적 특권에서 벗어나 민간의 재부(財富)와 민중의 생활 수준이 크게 향상되었으며, 개인의 경제적 자유와 사회적 권리도 부분적으로 회복되어 시민 사회가 생장(生長)하기 시작하였고 인권과 정치 자유에 대한 민간의 호소도 나날이 목소리가 높아졌다. 집권자들도 시장화와 사유화를 지향하는 경제개혁을 추진하는 동시에 인권 거부에서 인권 승인으로 나아가는 전환 정책을 펼치기 시작하였다. 중국 정부는 1997년과 1998년 각각 두 개의 중요 국제 인권 조약에 서명하였고 전국인민대표대회는 2004년 헌법 수정안을 통과시켜 '인권을 존중하고 보장한다'는 항목을 헌법에 삽입하였고, 금년에 또 『국가 인권 행동 계획』을 제정·추진하기로 약속하였다. 그러나 이러한 정치 발전은 지금까지도 대부분 서류상의 문자에 그치고 있다. 즉 법률은 있으나 법치는 없으며, 헌법은 있으나 헌정은 없다는 것이 눈 있는 사람이라면 누구나 목도하고 있는 작금의 정치 현실이다. 집권 그룹은 계속해서 권위적 통치 행위를 굳건히 유지하면서 정치 변혁을 거부하고 있다. 이러한 연유로 관직 부패, 법치 문란, 인권 유린, 도덕 상실 등의 문제가 야기되면서, 사회가 양극화 되고, 경제는 기형적으로 발전하여 자연환경과 인문환경이 이중으로 파괴되고 있고 시민의 자유·재산 그리고 행복 추구권이 제도적 보장을 받지 못하고 있다. 각종 사회 모순이 끊임없이 축적되는 가운데 불만 정서가 지속적으로 고조되고 있다. 특히 관민(官民) 대립 격화와 집단 행동 격증은 사회적 재난 수준의 통제력 상실 현상으로 나타나면서 현행 체제의 낙오가 이미 개혁이 없이는 존립이 불가능한 지경으로 빠져들고 있다.

2. 우리의 기본 이념

이처럼 중국의 미래 운명을 결정해야 할 역사적 전환점에서 백 년 동안의 현대화 역정을 반성하고 아래와 같은 기본 이념을 거듭 밝히고자 한다.

- ▶ **자유** : 자유는 세계 보편적 가치의 핵심 소재지이다. 언론·출판·신앙·집회·결사·거주이전·파업과 시위 등의 권리는 모두 자유의 구체적인 표현이다. 자유가 흥성하지 못하면 현대 문명을 운위할 수 없다.
- ▶ **인권** : 인권은 국가가 부여하는 것이 아니라 모든 사람이 태어날 때부터 향유하고 있는 권리이다. 인권 보장은 정부의 최우선 목표이며 공공 권력 합법성의 기초일 뿐만 아니라 '인간을 근본으로 삼는다'는 내재적 요구이다. 중국에 있었던 여러 차례의 정치 재난은 모두 인권에 대한 집권 당국의 무시와 밀접한 관련을 맺고 있다. 인간은 국가의 주체이며 국가는 인민에게 봉사해야 하고 정부는 인민을 위해 존재해야 한다.
- ▶ **평등** : 하나의 개체로서 모든 인간은 사회 지위, 직업, 성별, 경제 상황, 종족, 피부색, 종교나 정치 신념을 막론하고 그 인격·존엄·자유는 모두 평등하다. 법률 앞에서 모든 인간이 평등하다는 원칙을 실현해야 하고, 또 시민의 사회·경제·문화·정치 상의 권리가 평등하다는 원칙을 실현해야 한다.
- ▶ **공화** : 공화는 바로 '모두 함께 다스리고 평화롭게 공생한다.'는 원칙이다. 또 그것은 바로 분권 균형과 이

익 형평이고, 다양한 이익 요소, 상이한 사회 집단, 다원 문화와 신앙 추구 집단들이 평등하게 참여하고 공평하게 경쟁하며 공동으로 의정 활동을 하는 기초 위에서 평화로운 방식으로 공공 업무를 처리하는 것이다.

▶ **민주** : 가장 기본적인 의미는 주권재민(主權在民)과 민선정부(民選政府)이다.

민주에는 다음과 같은 기본 특징이 있다.

(1) 정권의 합법성은 인민에게서 나오고, 정치 권력도 인민에게서 나온다.

(2) 정치 통치는 인민의 선택을 거쳐야 한다.

(3) 시민은 진정한 선거권을 향유해야 하고, 각급 정부의 주요 정무 관리는 반드시 정기적인 경선 과정을 거쳐야 한다.

(4) 다수인의 결정을 존중하고 동시에 소수인의 기본 인권을 보호해야 한다.

한 마디로 말해서 민주는 '국민이 권리를 가지고 [民有], 국민이 다스리며 [民治], 국민이 권리를 향유하는 [民享]' 현대적 공공 기물이다.

▶ **헌정** : 헌정은 법률 규정과 법치를 통하여 헌법에 확정된 시민의 기본 자유와 권리의 원칙을 보장하고, 정부의 권력과 행위의 테두리를 제한하고 규정하며 아울러 그에 상응하는 제도적 장치를 제공하는 것이다.

중국에서 제국(帝國) 황권의 시대는 일찍감치 지나갔다. 세계적 범위에서도 권위에 입각한 체제는 황혼으로 접어들고 있다. 시민들이 응당 진정한 국가의 주인이 되어야 한다. '현명한 군주'나 '청렴한 관리'에 의지하는 소위 신민(臣民) 의식을 제거하고, 자신의 권리를 바탕으로 참여의 책임을 지는 시민 의식을 발양하여 자유를 실천하고, 민주를 몸소 실행하고 법치를 존중하는 것이 바로 중국의 기본 출구이다.

3. 우리의 기본 주장

이에 우리는 책임감 있고 건설적인 시민 정신에 근본을 두고 국가 정치 제도, 시민 권리 그리고 사회 발전 등 여러 부문에 대하여 아래와 같이 구체적인 주장을 제기한다.

1) **헌법 개정** : 앞서 서술한 가치 이념에 근거하여 헌법을 개정한다. 현행 헌법 가운데서 주권재민의 원칙에 부합되지 않는 조항을 삭제하여, 헌법이 진정으로 인권 보증서와 공공권력 허가장이 되게 하고 또 어떠한 개인이나 단체 그리고 어떤 당파도 위반할 수 없는 실시 가능한 최고위법이 되게 하여 중국의 민주화에 법적인 토대가 되도록 한다.
2) **분권 균형** : 분권으로 균형 잡힌 현대 정부를 구성하여 입법·사법·행정의 삼권 분립을 보증한다. 법으로 정해진 행정권과 책임 정부의 원칙을 확립하여 행정권의 지나친 확장을 방지한다. 정부는 납세인들에 대

해서 책임을 진다. 중앙과 지방간에 분권과 균형 잡힌 제도를 마련한다. 중앙 권력은 헌법에 의해 명확하게 권한을 부여해야 하고, 지방은 충분하게 자치를 실행해야 한다.

3) **입법 민주** : 각급 입법 기구는 직접선거로 구성하고, 입법은 공평하고 정의로운 원칙을 견지하여 입법 민주를 실행한다.

4) **사법 독립** : 사법은 당파를 초월하여 어떤 간섭도 받지 않고, 사법 독립을 실행하고 사법 공정을 보장해야 한다. 헌법 법원을 설립하고 위헌 심사 제도를 마련하여 헌법의 권위를 수호한다. 국가의 법치를 엄중하게 위협하는 정법위원회를 가능한 한 빨리 철폐하여 공공 기관의 사유화를 막아야 한다.

5) **공공기관의 공용화** : 군대의 국가화를 실현한다. 군인은 헌법에 충성을 바치고 국가에 충성을 바쳐야 한다. 정당조직을 군대로부터 퇴출시켜 군대의 직업화 수준을 높여야 한다. 경찰을 포함한 모든 공무원은 정치적 중립을 유지해야 한다. 공무원 임용 시에 당파적 편견을 제거하여 당파를 나누지 말고 평등하게 임용해야 한다.

6) **인권 보장** : 실질적으로 인권을 보장하여 인간의 존엄을 수호한다. 최고의 민의 기관이 책임을 지는 인권위원회를 설립하여 정부가 공권력을 남용, 인권을 침범하는 사태를 방지한다. 어떤 사람도 불법적인 체포·구금·소환·심문·처벌을 받아서는 안 되며, 노동 교양 제도를 폐지한다.

7) **공직 선거** : 전면적으로 민주 선거 제도를 추진하고 1인 1표의 평등 선거권을 실현한다. 각급 행정 수장의 직접 선거는 제도적 절차에 따라 점진적으로 추진해야 한다. 정기적으로 자유 경쟁 선거를 실시하는 것과 시민들이 법정 공공 직무에 출마하는 것은 박탈할 수 없는 기본 인권이다.

8) **도시와 농촌의 평등** : 도시와 농촌으로 이원화 되어 있는 현행 호구제도를 폐지하여 시민 일률 평등의 헌법 권리를 실현하고 시민들에게 거주이전의 자유를 보장한다.

9) **결사의 자유** : 시민들의 결사의 자유를 보장하고 현행의 단체 등록 심사제를 신고제로 개정한다. 당금(黨禁 : 공산당 이외 정당의 정치 활동을 금지하는 것) 정책을 개방하고 헌법과 법률로써 정당 행위를 규정하여 일당이 정치를 농단하는 집권 특혜를 폐지하고, 정당 활동의 자유와 공정 경쟁 원칙을 확립하고, 정당 정치의 정상화와 법제화를 실현한다.

10) **집회의 자유** : 평화로운 집회, 행진, 시위와 표현의 자유는 헌법이 규정하고 있는 시민의 기본 자유이므로 집권당과 정부의 불법적인 간섭과 위헌적인 제제를 받아서는 안 된다.

11) **언론의 자유** : 언론 자유와 출판 자유 그리고 학술 자유를 실현하여 시민의 알 권리와 감독권을 보장한다. 『신문법』과 『출판법』을 제정하여 신문 발행 제한 조치를 개방하고, 현행 『형법』 중의 '국가와 정권 전복 선동죄' 조항을 폐지하여 사람의 발언을 근거로

죄를 뒤집어 씌우는 관례를 근절한다.

12) **종교의 자유** : 종교의 자유와 신앙의 자유를 보장하고 정교 분리 정책을 실행한다. 종교와 신앙 활동은 정부의 간섭을 받지 않는다. 시민들의 종교 자유를 제한하거나 박탈하는 행정 법규, 행정 조례 그리고 지방 법규를 재심사·폐지하여 행정 법률로 종교 활동을 관리하는 제도를 금지한다. 종교 단체(종교 활동 장소 포함)가 반드시 등록을 해야 합법적인 지위를 얻게 되는 사전허가제도를 폐지하고 어떤 심사도 필요 없는 신고제로 대신해야 한다.

13) **시민 교육** : 일당 통치에 봉사하고 의식화의 색채가 매우 짙은 정치 교육과 정치 시험을 폐지하고 세계 보편 가치와 시민 권리를 기본으로 하는 시민 교육을 확대하여 시민 의식을 확립하고 사회에 봉사하는 시민의 미덕을 창도한다.

14) **재산 보호** : 사유재산권을 확립·보호하고 자유롭고 개방적인 시장 경제 제도를 실행하여, 창업 자유를 보장하고 행정권의 농단을 폐지한다. 최고 민의 기관이 책임을 지는 국유 자산 관리 위원회를 설립하여 합법적이고 질서 있게 재산권 개혁을 전개하여 재산권의 귀속과 책임자를 분명하게 밝힌다. 새로운 토지 운동을 전개하여 토지 사유화를 추진하고 시민 특히 농민의 토지 소유권을 확실하게 보장한다.

15) **세제 개혁** : 민주적인 경제 정책을 확립하고 납세인의 권리를 보장한다. 권한과 책임이 명확한 공공 경제 제도와 운영 시스템을 확립하고 각급 정부에 합

리적이고 효과적인 재정(財政) 분권 제도를 마련한
다. 조세(租稅) 제도를 대대적으로 개혁하여 세율을
낮추고 세제를 간소화하고 세금 부담을 공평하게 한
다. 사회 공공의 선택 과정이나 민의 기관의 결정을
거치지 않고 행정 부서 마음대로 세금을 부과하거나
새로운 세금을 신설하지 않는다. 재산권 개혁을 통
해 다원적인 시장 주체와 경쟁 시스템을 도입, 금융
비준 장벽을 낮추고 민간 금융 창업 조건을 발전시
키기 위해 금융 체계가 충분하게 활력을 발휘하도록
한다.

16) **사회 보장** : 전체 국민에 적용되는 사회 보장 체계를 마련하여 국민들이 교육·의료·양로·취업 등의 부문에서 가장 기본적인 보장을 받을 수 있도록 한다.

17) **환경 보호** : 생태 환경을 보호하고 지속 가능한 발전을 제창하여 자손 만대와 전체 인류에 책임을 진다. 국가와 각급 관리들은 반드시 이에 상응하는 책임을 명확하게 규정해야 하고, 환경보호 과정에 민간 조직이 참여하고 그 감독 역할을 수행할 수 있게 해야 한다.

18) **연방 공화** : 평등하고 공정한 태도로 지역의 평화와 발전에 참여하고 그것을 유지하면서 책임감 있는 대국의 이미지를 창조한다. 홍콩과 마카오의 자유 제도를 유지·보호한다. 자유 민주의 전제 아래에서 평등한 대화와 협력 교류의 방식을 통하여 타이완 해협 양안의 화해 방안을 찾는다. 대지혜(大智慧)로 각 소수민족이 공동으로 번영할 수 있는 경로와 제도

설계를 탐색하고 민주 헌정이란 큰 틀 아래에서 중화연방공화국을 건립한다.
19) **새로운 모습의 정의** : 여러 차례 정치 운동 과정에서 정치적 박해를 받은 인사 및 그 가족들의 명예를 회복시켜주고 국가가 배상한다. 모든 정치범과 양심범을 석방하고 신앙 활동으로 죄를 얻은 모든 사람들을 석방한다. 진상조사위원회를 설치하여 역사 사건의 진상을 명확하게 조사하고 책임의 소재를 가려 정의를 신장한다. 이러한 기초 위에서 사회의 화해를 추구한다.

4. 결론

중국은 세계 대국으로서, 또 유엔 안보리 5대 상임이사국의 일원으로서, 그리고 유엔 인권이사회의 구성 국가로서 인류 평화 사업과 인권 발전에 응당 스스로의 공헌이 있어야 한다. 현재 세계의 모든 대국 가운데에서 유독 중국만 아직도 권위주의 정치 환경에 처해 있고, 이로 인해 끊임없는 인권 재난과 사회 위기가 조성되어 중화 민족의 자체 발전을 속박하고 인류 문명의 진보를 제약하고 있다. 이러한 국면은 반드시 바뀌어야 한다! 정치 민주화를 위한 변혁은 더 이상 연기할 수 없다.

이를 위하여 우리는 용감하게 실천하는 시민 정신에 바

탕하여 『08 헌장』을 공표한다. 우리는 동일한 위기감·책임감과 사명감을 가진 모든 중국 시민들이 조야(朝野)나 신분을 막론하고, 공통의 의견은 취하고 상이한 의견은 잠시 보류하면서, 적극적으로 시민운동에 참여하여, 중국 사회의 위대한 변혁을 공통으로 추진할 수 있기를 바란다. 그리하여 빠른 시일 안에 자유·민주·헌정이 구현된 국가를 건설하여, 국민들이 백여 년 동안 꾸준히 추진해온 탐구와 꿈이 조속히 실현될 수 있기를 희망한다.

나는 적이 없다 - 나의 최후 진술

이미 반백이 넘은 나의 인생행로에서 1989년 6월은 내 생명의 중요한 전환기였습니다. 그전의 나는 문화대혁명 후 부활한 대학입학시험 제1회 합격생(77학번)이었습니다. 학사과정에서 석사, 박사과정까지 나의 학문 생애는 아주 순조로웠고, 졸업 후에 베이징 사범대학에 남아 강의를 하게 되었습니다. 강단에서 나는 학생들에게 꽤 인기 있는 교수였습니다. 동시에 나는 또 공적인 지식인의 일원으로 지난 세기 80년대에 학계를 떠들썩하게 했던 문장과 저작을 발표한 적이 있습니다. 이 때문에 늘 각 지역의 강연 요청을 받았고, 또 구미 각국의 초청에 응하여 방문학자 자격으로 출국하기도 하였습니다. 내가 자신에게 요구하는 것은 다음과 같습니다. '인간으로서나 문인으로서나 모두 성실하고 책임감 있고 존엄성 있게 살아가자.' 그 후 미국에서 돌아와 1989년 운동에 참가한 뒤 '반혁명 선전 선동죄'로 감옥에 수감되어 내가 너무나 사랑하는 강단을 떠나게 되었고, 이에 더 이상 국내에서는 문장을 발표할 수도 강연을 할 수도 없게 되었습니다. 겨우 당국과 상이한 정견을 발표한 것, 그리고 평화적 민주운동에 참가한 것 때문에 나는 교수로서 강단을 잃었고, 작가로서 문장을 발표할 권리를 잃었고, 공적인 지식인으로서 공개 강연의 기회를 잃었습니다. 이건 내 개인의 입장에서나 개혁 개방 정책을 벌써

30년째 추진하고 있는 중국의 입장에서나 모두 일종의 비애라고 할 수 있습니다.

생각해보면 6·4 후 내가 겪은 가장 코미디 같은 경력은 뜻밖에도 모두 법정과 관련이 있습니다. 내가 대중을 마주보고 연설할 수 있는 기회를 두 차례 얻은 것은 모두 베이징시 중급법원 법정이 내게 제공한 것입니다. 그 한차례는 1991년 1월이었고, 나머지 한차례는 바로 지금입니다. 기소된 두 차례의 죄명은 다르지만 그 실제 내용은 기본적으로 동일합니다. 그것은 모두 나의 발언 때문에 범죄가 성립되었다는 것입니다.

20년이 지났지만 6·4의 원혼들은 아직 눈을 감지 못하고 있습니다. 6·4 사건으로 나는 상이한 정견을 가지게 되었고, 1991년 친청(秦城) 감옥에서 석방된 이후에는 내 자신의 조국에서 공개적으로 발언할 권리를 박탈당하여 단지 해외 메스컴을 통해서만 나의 입장을 밝힐 수 있었습니다. 그러나 이 때문에 다시 장기적인 감시대상이 되어 가택연금(1995년 5월 ~ 1996년 1월), 노동 교화(1996년 10월 ~ 1999년 10월) 형에 처해졌고 지금 또 다시 이 정권의 적대의식에 의해 피고석에 서게 되었습니다. 그러나 나는 여전히 나의 자유를 박탈한 정권을 향해 다음과 같은 입장을 표명하고자 합니다. '나는 20년 전 「6·4 단식 선언」에서 밝힌 신념을 지금도 고수하고 있다. 즉 나에게는 적도 없고 원한도 없다.' 나를 감시하고 나를 체포하고 나를 심문한 경찰, 나를 기소한 검찰, 나를 재판한 법관은 모두 나의 적이 아닙니다. 비록 나는 여러분들의 감시, 체포, 기소와 판결을 받아들일 수는 없지만, 나는 여러분들의 직업과 인격을 존중

합니다. 여기에는 지금 나를 기소한 검찰 대표 장룽거(張榮革)와 판쉐칭(潘雪晴) 검사도 포함됩니다. 12월 3일 두 분이 나를 심문할 때 나에 대한 두 분의 존중과 성의를 느낄 수 있었습니다.

원한은 사람의 지혜와 양심을 부식시킬 수 있고 적대의식은 민족의 정신을 악독하게 만들 수 있습니다. 그리하여 '네 죽고 나 살자'식의 투쟁을 선동하여 사회의 관용과 인성을 파괴하고 자유 민주로 나아가는 국가의 진로를 가로막을 수 있습니다. 따라서 나는 개인적인 상황을 초월하여 국가의 발전과 사회의 변화를 기대하면서 최대한의 선의로 정권의 적대의식에 대응하고 사랑으로 원한을 풀 수 있기를 희망합니다.

주지하는 바와 같이 개혁 개방 정책은 국가의 발전과 사회의 변화를 가져왔습니다. 나의 입장에서 볼 때 개혁 개방은 '계급투쟁을 강령으로 하는' 마오(毛) 시대의 정책 방침에 대한 포기의 시작이라고 생각됩니다. 그리하여 방향을 바꾸어 경제 발전과 조화로운 사회 건설에 진력하게 되었습니다. '계급투쟁 철학'을 포기하는 과정은 점차 적대의식을 약화시키고 계급 원한을 해소하는 과정이며 또 인성에 스며든 수성(獸性)을 제거하는 과정입니다. 바로 이러한 과정이 개혁 개방 정책에 관용적인 국내외 환경을 제공해 주었고, 인간과 인간 사이의 사랑을 회복하고 상이한 이익과 상이한 가치가 평화적으로 공존할 수 있게 유연하고 인도적인 토양을 제공해 주었습니다. 이에 따라 국민들의 창조력 증진과 애정 심리 회복이라는 측면에서도 인간 본성에 부합하는 격려를 보내주었습니다. 대외적으로 '반제국

주의, 반수정주의' 노선에 대한 포기와 대내적으로 '계급 투쟁' 방침에 대한 포기는 중국의 개혁 개방 정책이 지금까지 지속될 수 있도록 이끌어준 기본적인 전제라고 할 수 있습니다. 경제가 시장을 지향하고 문화가 다원화를 추구하고 질서가 점점 법치의 길을 걷게 된 것은 모두 '적대의식'의 약화에서 힘입은 현상들입니다. 진보가 가장 완만한 정치 영역이라 하더라도 적대의식의 약화는 정권 담당자들로 하여금 사회의 다원화에 더욱 더 확대된 포용성을 가질 수 있게 해주었고, 상이한 정견을 가진 사람들에 대한 박해의 강도도 크게 완화되었으며, 1989년 운동에 대한 정의도 '폭동'에서 '정치 파동'으로 바뀌었습니다. 또 적대의식의 약화는 정권 담당자들에게 점점 인권의 보편성을 수용할 수 있는 기회를 제공해주었습니다. 1988년 중국 정부는 세계를 향하여 유엔의 2대 국제 인권 조약에 서명하겠다고 약속하였습니다. 이것은 세계의 보편적 인권을 중국이 인정했다는 사실을 나타내주는 표지입니다. 2004년 전국인민대표대회에서는 헌법을 수정하여 처음으로 '국가가 인권을 존중하고 보장한다'는 조항을 삽입하였습니다. 이는 인권이 이미 중국 법치의 근본적인 원칙의 하나라는 사실을 알려줍니다. 이와 동시에 현 정권이 또 '인간을 근본으로', '조화 사회를 건설하자'는 구호를 제기한 것은 중국공산당 정치 이념의 진보를 의미합니다.

거시적 부문에서의 이러한 진보는 내가 체포된 이래 직접 법 집행을 받는 과정에서 느낀 것들입니다.

나는 자신이 무죄이며 나에 대한 기소가 위헌이라는 입장을 견지하고 있습니다. 그러나 나는 자유를 잃은 1년여의 시간 동안 두 곳의 감옥, 네 명의 예심 경관, 세 명의 검사, 두 명의 법관을 거치면서 그들의 사건 처리가 혐의자를 존중하고 시간을 어기지 않고 강제로 자백을 강요하지 않는다는 것을 알게 되었습니다. 그들의 태도는 평화롭고 이성적이었으며 때때로 선의를 보여주기까지 하였습니다. 6월 23일, 나는 보호감시처에서 베이징시 공안국 제1감호소 즉 약칭으로 '베이칸(北看)'이라고 불리는 곳으로 이감되었습니다. 베이칸에 있는 반년 동안 나는 감호 관리의 진보를 목도할 수 있었습니다.

1996년, 나는 일찍이 옛날 베이칸(半步橋)에 수감된 적이 있습니다. 10여 년 전의 반부차오(半步橋) 시절의 베이칸과 비교해봤을 때 지금의 베이칸은 하드웨어적인 시설이나 소프트웨어적인 관리에 있어서 엄청난 개선이 이루어졌습니다. 특히 베이칸에서 맨 먼저 제창한 인도적 관리 시스템은 수감자들의 권리와 인격을 존중하는 기초 위에서 연성화 관리 체계가 교도관들의 일거수 일투족 속에 녹아들도록 하였습니다. 그것은 '온화한 방송', '교화', 잡지, 식사 전 음악, 기상과 취침시의 음악에 모두 구현되어 있습니다. 이러한 관리는 수감자들에게 존엄과 온기를 느끼게 해주었고, 감옥 질서를 유지하고 감옥 깡패를 반대하는 측면에서 그들의 자각성을 촉진시켜주었습니다. 또 수감자들에게 인도주의적인 생활 환경을 제공해주었을 뿐만 아니라 수감자들의 소송 환경과 심리 상태를 크게 개선시켜주기도 하였습니다. 나는 나를 담당하고 있는 류정(劉崢) 교도관과 아주 가까운 거리에서 접촉해왔습니다. 수감자에 대한 그의 관심과 존중은 교도 관리의 모든 부문에 구현되어 있고, 또 그의 모든 언행 속에 스며들어 있어서 정말 사람을 따뜻하게 해줍니다. 이렇게 진실하고, 정직하고, 책임감 있고 선량한 류 교도관을 만난 것은 내가 베이칸에서 얻은 행운이라고 할 수 있습니다.

정치란 이러한 신념과 경력에 기초를 두는 것이니 만큼 나는 중국의 정치적 진보가 멈추지 않을 것이란 굳건한 신념을 갖고 있습니다. 또 나는 미래의 자유로운 중국 건설에도 낙관적인 기대를 가득 품고 있습니다. 왜냐하면 어떤 힘도 자유를 지향하는 인성의 욕구를 막을 수는 없기 때문입니다. 중국은 장차 인권지상의 법치 국가로 탈바꿈할 것입니다. 나는 또 이와 같은 진보가 이 사건의 심리 과정에도 구현될 수 있기를 기대하고 있으며, 또 합의 법정의 공정한 판결 즉 역사의 심판을 견딜 수 있는 판결이 이루어지기를 기대합니다.

만약 20년 동안 내가 얻은 가장 큰 행운을 말하라고 한다면, 나는 아내 류샤(劉霞)의 사심없는 사랑을 들겠습니다. 오늘 나의 아내는 이 법정에 방청하러 올 수 없지만 나는 아내에게 이렇게 말하고 싶습니다.

"사랑하는 이여, 나에 대한 그대의 사랑이 여전하다는 걸 나는 굳게 믿고 있소. 그렇게 오랫동안 내가 부자유하게 생활하는 동안 우리의 사랑은 외부에서 강제된 쓰디 쓴 열매를 포식했지만 그것을 다시 되씹어보면 그 맛이 여전히 무궁하다고 할 수 있소. 나는 유형의 감옥에서 복역하고 있지만 그대는 무형의 심옥(心獄)에서 나를 기다리고 있소. 그대의 사랑은 높은 담장을 넘어 철창을 꿰뚫고 들어온 햇볕이 되어 나의 피부를 어루만지며 나의 모든 세포를 따뜻하게 감싸주고 있소. 그대의 사랑은 시종일관 내 마음 속에 평화와 당당함과 광명을 가져다주어 옥중의 1분 1초에도 의미를 가득 부여하고 있소. 그대에 대한 나의 사랑에는 괴로움과 미안함이 가득하여 때때로 무거운 발걸음을 옮기기도 힘이 드오. 나는 황야에 버려진 돌멩이라오. 광풍 폭우에 매질을 당해 사람들이 감히 접촉할 수 없을 정도로 차갑소. 그러나 나의 사랑은 단단하고 예리하여 어떤 장애도 뚫고 나갈 수 있소. 설령 내가 탱크에 깔려 가루가 되더라도 나는 잿가루를 사용하여 그대를 포옹할 수 있을 것이오.

사랑하는 이여, 그대의 사랑이 있기 때문에 나는 장차 다가올 재판에 당당하게 맞서며, 내 자신의 선택을 후회하지 않고 낙관적으로 내일을 기다릴 수 있게 되었소."

나는 앞으로 우리나라가 자유를 표현할 수 있는 국가가 되기를 기대합니다. 이곳에서 모든 국민들의 발언은 동등한 대우를 받을 수 있을 것입니다. 이곳에서는 상이한 가치, 사상, 신앙, 정견…… 등이 모두 상호 경쟁을 하면서도 평화롭게 공존할 수 있을 것입니다. 이곳에서는 다수의 의견과 소수의 의견이 모두 평등한 보장을 받게 됩니다. 또 특히 집권 담당자들과 상이한 정견을 가진 사람들도 충분한 존중과 보호를 받을 수 있을 것입니다. 이곳에서 모든 정견은 밝은 햇볕 아래 진열되어 민중들의 선택을 받을 수 있을 것입니다. 모든 국민은 아무런 공포도 없이 정견을 발표할 수 있을 것이며, 상이한 정견을 발표했다고 해서 결코 정치적 박해를 받지 않을 것입니다. 나는 내가 중국에서 연면히 이어져온 문자옥(文字獄 : 필화사건)의 마지막 피해자이기를 바라며, 또 앞으로는 어느 누구도 자신의 발언 때문에 죄를 받는 일이 발생하기 않기를 바랍니다.

자유를 표명하는 건 인권의 기초이며 인성의 근본이고 진리의 어머니입니다. 언론자유를 압살하는 건 인권을 유린하고 인성을 질식시키며 진리를 억압하는 일입니다.

헌법이 부여하고 있는 언론자유의 권리를 실천하기 위해서는 중국 시민으로서의 사회적 책임을 다해야 합니다. 나의 행동은 무죄이지만 이로 인해 고발당한다 해도 원망은 하지 않겠습니다.

여러분, 감사합니다!

2009년 12월 23일
(我沒有敵人 - 我的最後陳述)

나의 무죄 변론

「기소서(起訴書)」(京一分檢刑訴[2009] 247號)에는 6편의 문장과 『08 헌장(零八憲章)』이 열거되어 있습니다. 그중 330여 자를 인용하여 내가 『형법』 제105조 제2항의 규정을 어겼고, '국가와 정권을 전복하기 위한 선동죄'를 범했기 때문에 응당 형사적 책임을 물어야 한다고 지적하고 있습니다.

「기소서」에 열거된 사실 중 내가 '300여 명에게 서명을 부탁했다'는 부분의 부정확성을 제외하고는 모두 진실이며 나는 이에 대해 이의가 없습니다. 그 6편의 문장은 내가 쓴 것이고 또 나는 『08 헌장(零八憲章)』에 참여했지만 내가 서명을 부탁한 사람은 70여 명에 불과할 뿐 은 아닙니다. 다른 사람들은 모두 내가 부탁해서 서명한 사람들이 아닙니다. 이에 근거하여 나를 기소한다면 나는 그것을 받아들일 수 없습니다. 나는 자유를 상실한 1년여의 기간 동안 예심 경찰, 담당 검사, 법관의 심문을 받으며 줄곧 내 자신이 무죄라는 입장을 견지해왔습니다. 이제 나는 중국 헌법의 유관 규정, 유엔 국제 인권 조약, 나의 정치 개혁 주장, 역사적 흐름 등 다양한 측면으로부터 내 자신이 무죄라는 사실을 변론하고자 합니다.

첫째, 개혁 개방 정책이 가져온 중요한 성과 중의 하나는 바로 인권 의식에 대한 국민들의 점진적 각성입니다. 민간에서 인권 의식이 우후죽순처럼 생겨나서 인권 관념에 대한 중국정부의 인식을 진보적으로 촉진시켜주었습니다. 2004년 전국인민대표대회는 헌법을 수정하여 '국가가 인권을 존중하고 보장한다'는 항목을 삽입하였고, 그리하여 마침내 인권 보장이 법치국가의 헌법 원칙이 되도록 하였습니다. 이렇게 국가가 반드시 존중하고 보장해주어야 할 인권은 바로 헌법 제35조에 규정된 국민의 기본권이며 언론자유도 그 기본권 중의 하나입니다. 내가 언론을 통해 발표한 상이한 정견은 중국 국민으로서 헌법이 부여하고 있는 언론 자유의 권리를 행사하는 것이기 때문에, 정부가 그 권리를 제한할 수도 없고 또 임의로 박탈할 수도 없습니다. 오히려 국가의 존중과 법률의 보호를 받아야 합니다. 따라서 그 「기소서」로 나를 고발하는 것은 중국 국민인 나의 기본권을 침범하는 것이며, 중국의 가장 기본적인 최상위법을 위반하는 것입니다. 이는 사람의 발언을 문제 삼아 죄를 뒤집어 씌우는 전형적인 대언론 범죄이며, 고로(古老)한 문자옥(文字獄)을 현대 중국에까지 연장시키는 작태이므로 당연히 도의적인 질책과 위헌 심사를 받아야 합니다.『형법』제105조 제2항도 위헌의 혐의가 있기 때문에 응당 전국인민대표대회에 위헌 심사를 요청해야 합니다.

둘째, 「기소서」에서는 위의 몇 가지 문장을 인용하여 내가 '유언비어와 비방 등의 방식으로 국가와 정권 전복을 선동하면서 사회주의 제도를 타도하려 했다.'고 지적하고 있습니다. 그러나 이는 억지로 죄를 뒤집어 씌우는 것에 불과합니다. 왜냐하면 '유언비어'는 거짓 정보를 날조하고 꾸며내어 다른 사람을 중상모략하는 것입니다. 그리고 '비방'은 없는 사실을 조작하여 다른 사람의 신용이나 인격을 모독하는 것입니다. 이 두 가지가 언급하고 있는 것은 모두 사실의 진위 여부가 다른 사람의 명예와 이익에 관련되어 있느냐는 것입니다. 그러나 나의 발언은 모두 비평적 성격의 평론이고 사상 관점의 표명이며 사실 판단이 아닌 가치 판단과 관련된 것입니다. 또한 나는 어떤 사람에게도 상해를 끼친 적이 없습니다. 그러므로 나의 발언은 유언비어나 비방과는 전혀 상관이 없습니다. 바꾸어 말하면 비평은 유언비어가 아니며, 반대는 더더욱 비방이 아닙니다.

셋째, 「기소서」에서는 『08 헌장(零八憲章)』의 몇 가지 문장에 근거하여 내가 집권당을 중상모략 하면서 '현 정권을 전복하려 했다'고 지적하였습니다. 그러나 이 지적은 단장취의의 혐의가 있습니다. 즉 『08 헌장(零八憲章)』의 전체 내용을 완전히 무시하고 있고, 모든 문장에서 표명하고 있는 나의 일관된 관점을 무시하고 있습니다.

우선 『08 헌장(零八憲章)』에서 지적하고 있는 '인권 재난'은 모두 현대 중국에서 발생한 역사적 사실입니다. '반우파 투쟁'에서는 50여 만 명의 사람들을 우파로 잘못 분류하였고, '대약진운동' 기간 동안에는 천만 명 이상의 사람들이 인위에 의해 사망하였으며 또 '문화대혁명'은 국가의 동란을 유발하였습니다. 그리고 '6·4 운동'은 피의 참극으로 수많은 사람들이 죽고 수많은 사람들이 감옥에 갇혔습니다. 이러한 사실은 모두 세계적으로 공인된 '인권 재난'입니다. 이로 인해 중국의 발전이 위기를 맞았고 중화민족의 자체 발전이 속박 당하게 되었으며 더 나아가 인류 문명의 진보가 제약 당하게 되었습니다. 일당 독재의 특권을 없애자는 것은 국민들에게 정권을 돌려주자는 정치 개혁을 요구한 것이고, 최종적으로 '국민이 권리를 가지고[民有], 국민이 다스리며[民治], 국민이 권리를 향유하는[民享]' 자유 국가를 건설하자는 것입니다.

다음으로 『08 헌장(零八憲章)』에서 표명하고 있는 가치와 거기에서 제기하고 있는 정치 주장은 장기적으로 자유 민주 연방 공화국을 건설하려는 목표를 갖고 있습니다. 거기에 수반된 개혁 조치가 19조이며 개혁 방식은 점진적이고 평화적인 방식입니다. 이것은 현행의 파행적인 개혁이 갖가지 폐단을 드러내고 있기 때문에 집권당의 파행을 온전하게 바로잡고, 정치와 경제를 균형 있게 함께 개혁하자는 요구입니다. 이것은 또한 민간의 입장에서 관방을 추동(推動)하여 가능한 한 빨리 민간에 정권을 돌려주자는 개혁 주장입니다. 아래로부터의 개혁 압력은 정부가 위로부터의 정치 변혁을 촉진할 수 있도록 힘을 줄 것입니다. 이에 따라 관(官)과 민(民)이 서로 함께 움직이는 양호한 협력 관계를 형성하여 되도록 빨리 백년 헌정 실현이라는 국민들의 꿈을 실현할 수 있을 것입니다.

그 다음으로, 1989년부터 2009년까지 20년 동안 내가 표명한 중국의 정치 개혁 관점은 줄곧 점진적이고, 평화적이고, 질서 있고, 통제 가능한 방향을 유지해왔습니다. 나는 일관되게 급진적인 개혁과 폭력 혁명에 반대해왔습니다. 이와 같은 점진적인 개혁 주장은 「사회 변화를 통해 정권 변화를 이루자(通過改變社會來改變政權)」라는 나의 문장 속에 명확하게 표현되어 있습니다. 즉 민간의 권리 의식을 각성시키고, 민간의 권리를 확장하고, 민간의 자주성을 상승시키고, 민간 사회의 발전에 진력하여 아래로부터의 개혁 압력으로 위로부터의 관방 개혁을 이끌어내자는 것입니다. 사실 30년 동안 중국의 개혁 실천이 증명한 바에 따르면, 제도적인 측면에서 이루어진 창조적인 개혁 조치 모두가 그 근본적인 동력을 민간의 자발적인 개혁 조치에서 얻어 왔습니다. 민간 개혁을 관방 개혁에 수용해야 한다는 동일 시 현상과 민간 개혁의 영향력이 점차 확대되는 과정에서 관방에서도 민간의 창조적인 실험을 수용할 수밖에 없었고, 이에 따라 위로부터의 개혁이 이루어지게 된 것입니다.

종합해보면 점진적이고, 평화적이고, 질서 있고, 통제 가능하며, 아래로부터의 개혁과 위로부터의 개혁이 상호 작용하는 것 그것이 바로 중국 정치 개혁에 관한 나의 키 워드입니다. 왜냐하면 이러한 방식이 최소한의 대가로 최대한의 효과를 끌어내는 개혁이기 때문입니다. 내가 알고 있는 정치 변혁의 기본 상식에 의하면 질서 있고 통제 가능한 사회 변혁이 무질서하고 통제 불능인 변혁보다 우월합니다. 나쁜 정부 치하의 질서라 해도 무정부 상태의 천하대란보다는 더 낫습니다. 따라서 내가 독재정치화 되고 무단정치화 된 정치 방식을 반대하는 것은 결코 '현정권에 대한 전복을 선동하는 것'이 아닙니다. 바꾸어 말하면 반대는 절대 전복과 같지 않습니다.

넷째, 중국 옛날 격언에 '자만은 손해를 부르고, 겸손은 이익을 가져온다.'라는 말이 있고, 서양 속담에 '미친 망상은 천벌을 받는다.'라는 말이 있습니다. 나는 자신의 한계를 알고 있습니다. 따라서 나도 나의 공개 발언이 완전무결하다던가 백 퍼센트 정확하지 않다는 걸 알고 있습니다. 특히 나의 시사 비평 문장은 치밀하지 못한 논증, 지나친 감정 표출, 잘못된 언설로 전체 결론을 대신한다는 비판을 면하기 어렵습니다. 그러나 이처럼 한계가 분명한 발언도 범죄와는 아무런 관계가 없으므로 재판에서 죄를 다스리는 증거로 채택되어서는 안됩니다. 왜냐하면 언론 자유의 권리는 정확한 관점을 표명할 권리 뿐 아니라, 부정확한 언론을 발표할 수 있는 권리도 포함하고 있기 때문입니다. 정확한 언론과 다수의 의견은 물론 보호받아야 하지만, 부정확한 언론과 소수의 의견도 똑같이 보호받아야 합니다. 이른바 "나는 당신의 관점에 찬성하지 않거나 반대할 수 있지만, 설령 당신이 발표한 관점이 잘못된 것이라 해도, 당신이 공개적으로 상이한 관점을 발표할 권리는 굳게 보호해 줄 것이다."라는 태도를 보이는 것, 이것이야 말로 언론 자유의 정확한 의미라고 할 수 있습니다. 이에 대해 중국의 고대 전통 속에도 경전적인 요약어가 있습니다. 나는 이 말을 개괄하여 '24자 잠언'이라고 일컫고 있습니다.

'아는 사람은 말을 하지 않을 수 없고(知無不言),
말을 하게 되면 남김이 없어야 한다(言無不盡).
말을 하는 사람은 죄가 없고(言者無罪),
듣는 사람은 경계로 삼을 만 하다(聞者足戒).
잘못이 있으면 고치고(有則改之),
잘못이 없으면 더욱 힘쓴다(無則加勉).'

바로 이 24자 잠언이 언론자유의 요점을 갈파했기 때문에 대대로 국민들의 귀로 익숙하게 전해지며 지금까지도 사라지지 않고 있습니다. 나의 생각으로는 이중 '말을 하는 사람은 죄가 없고, 듣는 사람은 경계로 삼을 만 하다.'는 구절은 현재의 국민들이 비판적인 의견을 마주 대하는 좌우명으로 삼을 만하며, 한 걸음 더 나아가 집권자들이 상이한 정견을 마주 대하는 경고로 삼아야 할 것 같습니다.

다섯째, 나는 무죄입니다. 왜냐하면 당국이 나를 기소한 것은 국제 사회에서 공인된 인권 준칙을 위반한 것이기 때문입니다. 일찍이 1948년 중국은 유엔 상임이사국의 일원으로 「세계 인권 선언」 초안 작성에 참여하였습니다. 그 후 50년이 흐른 1998년 중국 정부는 다시 국제 사회를 향해 유엔이 제정한 양대 국제 인권 조약에 서명하겠다고 승낙하였습니다. 그중 「시민 권리와 정치 권리에 관한 국제 조약(公民權利和政治權利國際公約)」에는 언론 자유가 가장 기본적인 보편 인권으로 열거되어 있고, 각국 정부에 반드시 언론 자유를 존중하고 보장해줄 것을 요청하고 있습니다. 중국은 유엔 상임이사국으로서, 또 유엔 인권 이사회의 구성원으로서 유엔이 제정한 인권 조약을 준수할 의무가 있고 자신의 승낙을 실천할 책임이 있을 뿐만 아니라 유엔이 발표한 인권 보장 조항을 모범적으로 시행해야 할 의무도 있습니다. 사정이 이와 같기 때문에 중국 정부는 자국 국민의 인권을 확실하게 보장하여 국제 인권 사업 추진에 일정한 공헌을 해야 하고 이에 따른 문명 대국으로서의 풍모를 분명하게 드러내보여야 합니다.

유감인 것은 중국 정부가 자신의 의무와 승낙을 완전하게 실행하지 않고 있고, 또 지상의 보증을 현실의 행동으로 실천하지 않고 있다는 것입니다. 헌법은 있으나 헌정은 없으며, 승낙은 있으나 실천은 없습니다. 여전히 중국 정부는 국제 사회의 비평에 응대하면서 구태의연한 일상적인 태도만을 유지하고 있습니다. 현재 나를 기소한 것이 바로 최신의 실례라고 할 수 있습니다. 분명한 점은 인간의 발언을 문제 삼아 죄를 뒤집어 씌우는 이와 같은 행태는 유엔 상임이사국과 인권이사회의 구성원인 중국의 신분과 전혀 어울리지 않는다는 것입니다. 이것은 중국 정치의 이미지와 국가 이익에도 손해를 끼치는 행태이며 정치적인 측면에서도 문명 세계의 신의를 얻을 수 없는 잘못된 행위입니다.

여섯째, 중국에서나 세계에서나, 고대나 현대나 막론하고 인간의 발언을 문제 삼아 죄를 뒤집어 씌우는 문자옥(文字獄)은 반인도적이고 반인권적인 행위이며, 역사의 추이와 인심의 지향을 위반하는 작태입니다. 중국의 역사를 회고해보면 천하를 사유물처럼 세습하던 왕조 시대인 진(秦)나라에서 청(清) 나라까지 문자옥(文字獄)이 성행하였고, 그것을 역대로 해당 정권의 정치적 오점으로만 치부하였지만, 넓혀보면 그것은 중화민족의 치욕이라고 할 수 있습니다. 진시황은 중국을 통일한 공이 있지만 '분서갱유(焚書坑儒)'의 폭정으로 후세 만년에까지 그 악취가 전해지게 되었습니다. 한(漢) 무제(武帝)는 웅대한 재주를 품고 있었지만 태사공 사마천의 직간을 막고 궁형에 처한 일 때문에 그 정치적 치욕이 두 배 이상 증가하게 되었습니다. 청(清) 나라에서도 '강희(康熙)와 건륭(乾隆)의 태평성대'가 있었지만 빈번한 문자옥 때문에 수많은 오명을 남기게 되었습니다. 이와 반대로 한(漢) 문제(文帝)는 2천여 년 전에 이미 인간의 발언을 문제 삼아 죄를 뒤집어 씌우는 '무고와 비방 죄'

를 폐지하여 어진 임금[開祖仁君]이라는 아름다운 이름을 얻었고 또 역대로 '문경지치(文景之治)'라는 칭송을 받게 되었습니다. 현대 중국에서 중국공산당이 본래 약자인 입장에서 강자로 변신하여 최종적으로 국민당에 승리를 거둘 수 있었던 까닭은 근본적인 측면에서 '반독재 자유 쟁취'라는 도의적 역량에 의지했기 때문입니다. 1949년 이전 중국공산당의 『신화일보(新華日報)』와 『해방일보(解放日報)』는 항상 장가(蔣家) 정권의 언론 자유 탄압을 비판하는 글을 발표하여, 필화 사건으로 억울한 죄를 뒤집어 쓴 지식인들을 위해 신랄한 필봉을 휘날렸습니다. 마오쩌둥(毛澤東) 등 중공 영도자들도 여러 차례 언론 자유와 기본 인권을 언급하였습니다. 그러나 1949년 이후 반우파투쟁에서 문화대혁명에 이르는 기간에는 린사오(林昭)가 총살되었고, 장즈신(張志新)은 성대를 잘렸습니다. 마오(毛) 시대에는 언론자유가 실종되어 국가는 쥐죽은 듯한 적막 속으로 빠져들게 되었습니다. 개혁 개방 이래 집권당은 역사의 과오를 바로잡고 상이한 정견을 가진 사람들에게도 대대적인 관용 정책을 펴게 되었습니다. 사회의 언론 공간은 부단히 확대되었고, 문자옥도 대폭 감소하게 되었지만, 사람의 발언을 근거로 죄를 뒤집어 씌우는 전통은 완전히 사라지지 않고 있습니다. 4. 5(1976)에서 6·4(1989)까지, 민주의 벽에서 『08 헌장』까지 사람의 발언을 근거로 죄를 뒤집어 씌우는 사례는 수시로 발생하고 있습니다. 내가 이번에 죄를 얻은 것도 최근의 문자옥에 불과할 따름입니다.

21세기로 접어든 오늘날, 언론 자유는 일찌감치 다수 국가의 국민들이 공인하는 기본 권리가 되었고, 문자옥은 수

많은 사람들이 손가락질하는 치욕으로 간주되고 있습니다. 객관적인 후과(後果)로 보더라도 국민들의 입을 막는 것은 강을 가로 막는 것보다 폐해가 심하고, 감옥의 높은 담장으로는 국민의 자유로운 표현을 막을 수 없습니다. 한 정권은 상이한 정견을 억압하는 것으로써 자기 정권의 합법성을 획득할 수 없으며, 또한 문자옥에 의지하여 장기적인 안정을 달성할 수 없습니다. 펜대의 문제는 오직 펜대에 호소하여 문제를 해결해야 합니다. 그러나 일단 총대로 펜대의 문제를 해결하려 하면, 결국 인권 재난을 초래할 수밖에 없을 것입니다. 제도적인 측면에서 문자옥을 근절해야만 헌법에 규정된 언론 자유 권리가 모든 국민에게 구현될 수 있을 것입니다. 또 국민의 언론 자유 권리가 제도적으로 보장받을 수 있어야만 문자옥이 중국의 대지에서 사멸될 수 있을 것입니다.

사람의 발언을 근거로 죄를 뒤집어 씌우는 행위는 중국 헌법에서 확립하고자 하는 인권 원칙에도 부합되지 않고, 유엔이 공표한 국제 인권 조약에도 위반되며, 세계 보편의 도의(道義)와 역사적 흐름에도 어긋나는 행태입니다. 내가 내 자신을 위해 작성한 「무죄 변호」가 법정에서 채택되어 이 사건의 판결이 중국 법치사상 선구적인 의의를 가질 수 있기를 희망합니다. 그리하여 마침내 중국 헌법의 인권 조항과 국제 인권 조약의 심사를 견뎌내고 또 도의(道義)의 추궁과 역사의 점검을 견뎌낼 수 있기를 바랍니다.

여러분 감사합니다!

2009년 12월 23일 (我的自辯)

류샤오보(劉曉波) 간략 연보

1955년 12월28일 중국 지린성(吉林省) 창춘시(長春市)에서 출생.
1969년~1973년까지 부모를 따라 내몽골 코르친(科爾沁)으로 하방(下放).
1974년 7월 지식 청년 하방 방침에 따라 지린성 눙안현(農安縣)으로 하방.
1976년 11월 창춘시로 돌아와 건축회사에서 노동자 생활.
1977년 지린대학(吉林大學) 중문과 입학.
1982년 대학 졸업.
1982년 베이징 사범대학 중문과 석사과정 입학.
1984년 문예학석사 학위 취득.
1984년~1986년까지 베이징 사범대학 중문과에서 강의.
1986년 베이징 사범대학 중문과 박사과정 입학.
1988년 문예학박사 학위 취득.
1988년 8월~11월까지 노르웨이 오슬로대학에서 중국당대문학(中國當代文學) 강의.
1988년 12월~1989년 2월까지 미국 하와이대학에서 중국철학과 중국당대문학 강의.
중국 당대(當代) 정치와 지식인에 대한 전문적인 연구 진행.
1989년 3월~5월까지 미국 컬럼비아대학 초빙 방문학자. 6·4 톈안문 사태로 연구를 중단하고 귀국.
1989년 5월~6월까지 베이징에서 '6·4' 운동에 참가. 톈안문광장 인민영웅기념탑에서 장막을 치고 단식 농성. 저우퉈(周舵)·허우더젠(侯德建)·가오신(高新)과 함께 '톈안문 단식 4군자'로 불림.

1989년 6월 6일~1991년 1월까지 '6·4' 운동 참가를 이유로 체포 구금.

1989년 9월 모든 공직을 박탈당함.

1991년 1월~1993 1월 1일까지 베이징에서 글쓰기와 민주화 운동에 매진.

1993년 1월 1일~5월까지 방문학자의 자격으로 오스트리아로 출국, 중간에 미국에 잠시 체류, 다큐멘터리 『톈안문』제작자 칼마 힌튼(Carma Hinton)과 인터뷰. 하바드 대학, 캘리포니아 대학, 웨슬리 공과대학에서 강연.

1993년 5월~1995년 5월까지 중국 국내에서 글쓰기와 민주화 운동에 종사.

1995년 5월 18일~1996년 1월까지 프리 렌서 작가 및 민주화 운동가로 활동하면서 '6·4' 운동에 대한 복권과 인권보장을 호소하다가 체포 구금. 석방 후에도 당국의 탄압에 굴하지 않고 민주화 운동을 계속함.

이 기간 동안 「반부패 건의서(反腐敗建議書) - 8기 인민대표대회 3차 전체회의에 드림(致八屆人大三次全會)」과 「흡혈의 교훈, 민주 추진과 법치 발전(汲取血的敎訓, 推進民主與法治進程) - '6·4' 6주년 호소문('六·四'六週年呼吁書)」을 집필.

1996년 10월 8일~1999년 10월 7일까지 위의 활동으로 당국에 체포되어 노동 교화 3년형에 처해짐.

1999년 10월 7일 석방. 베이징에서 프리 렌서와 민권 수호 운동에 종사.

2003년 11월 독립중문필회(獨立中文筆會 : Independent Chinese Pen Center) 회장 취임.

2005년 11월 2일 독립중문필회 회장 유임.

2008년 12월 중국의 양심적 지식인 303명과 공산당 일당 독재를 반대하고 민주주의 실현을 요구하는 「08헌장(零八憲章)」 발표.

2009년 6월 23일 국가 권력 전복 선동 등의 혐의로 베이징시 공안 당국에 체포 구속.

2009년 12월 11일 베이징 제1급 인민법원에서 국가 권력 전복 선동 혐의로 징역 11년을 선고받음.

2010년 2월 11일 베이징 고급 인민법원에서 류샤오보의 항소 기각, 징역 11년 및 정치적 권리 박탈 2년 확정. 현재 랴오닝성(遼寧省)의 한 교도소에서 복역 중.

2010년 10월 8일 중국의 민주화와 인권 발전에 헌신한 공로를 인정받아 노벨 평화상 수상자로 결정.

수상 현황

1990년 미국 Hellman-Hammett 인권상 수상
1996년 두 번째로 미국 Hellman-Hammett 인권상 수상.
2003년 중국민주교육기금회의 제17회 '걸출한 민주인사상' 수상.
2004년 국경 없는 기자회와 프랑스 기금회 선정 '언론자유수호상' 수상.
2004년 제9회 홍콩인권신문상 우수상 수상. 수상 문장인 「'신문부패'는 신문이 아니다("新聞腐敗"不是新聞)」를 『개방(開放)』월간 2004년 1월호에 발표.
2005년 제10회 홍콩인권신문상 대상 수상. 수상 문장인 「권세가의 천당, 약자의 지옥(權貴的天堂, 弱者的地獄)」을 『개방(開放)』 월간 2004년 9월호에 발표.
2006년 제11회 홍콩인권신문상 우수상 수상. 수상 문장인 「산웨이 피의 사건의 시말과 배경(汕尾血案的始末和背景)」을 『개방(開放)』월간 2006년 1월호에 발표.
2010년 10월 8일 노벨평화상 수상자로 결정.

주요 저작

『선택적 비판 – 리쩌허우와의 대화(選擇的批判 – 與李澤厚對話)』(上海 人民出版社, 1987년)

『심미와 인간의 자유(審美與人的自由)』(北京師範大學出版社, 1988년)

『형이상학의 짙은 안개(形而上學的迷霧)』(上海人民出版社, 1989년)(금서 로 묶임)

『벌거벗은 몸으로 하느님께 나아가다(赤身裸體走向上帝)』(時代文藝出 版社, 1989년)(금서로 묶임)

『말일 생존자의 독백(末日幸存者的獨白)』(中國時報出版社, 1993년, 臺 灣)(이 책 일부분이 일본어로 번역됨)

『중국당대정치와 지식인(中國當代政治與中國知識分子)』(唐山出版社, 1990년, 臺灣)(일본어와 영어로도 번역 출판)

『류샤오보 류샤 시선(劉曉波劉霞詩選)』(夏菲爾國際出版公司, 2000년, 홍 콩)

『미인이 내게 몽환약을 주었네(美人贈我蒙汗藥)』(필명 老俠, 王朔와 공 저, 長江文藝出版社, 2000년)

『양심을 향해 거짓말 하는 민족(向良心說謊的民族)』(捷幼出版社, 2002 년, 臺灣)

『미래 민간에서의 자유중국(未來的自由中國在民間)』(勞改基金會: Labor Reform Foundation, 2005년, 미국)

『단도 독검 – 중국 민족주의 비판(單刀毒劍 – 中國民族主義批判)』(博 大出版社: Broad Press, 2006년 6월, 미국)

『대국 침몰 – 중국에게 주는 비망록(大國沈淪 – 寫給中國的備忘錄)』 (允晨文化, 2009년 10월, 臺灣)

작품 제목 및 창작 연도

- 빗속의 나 – 샤(霞)에게 ···1991.7.30(雨中的 – 給霞我
- 경악 – 샤(霞)에게 ··1991.8.2(驚愕 – 給小霞)
- 그가 앉는다 – 샤(霞)에게 ···1991.8.24(那人坐下 – 給霞)
- 위험한 쾌락 – 샤(霞)에게 ·······································1993.6.21(危險的歡樂 – 給霞)
- 5분의 찬미 – 샤(霞)에게 ·······································1993.7.11(五分鐘的贊美 – 給霞)
- 어느 날 아침 – 혼자서 티벳으로 간 샤(霞)에게
  ···1993.7.14(某天早晨 – 給一個人去西藏的霞)
- 취한 그대 – 샤(霞)에게 ··1994.12.21(醉酒 – 給霞)
- 겨울의 고독 – 샤(霞)에게 ···1995.1.1(冬日的孤獨 – 給霞)
- 쌍음자(雙音字) – 샤(霞)에게 ··································1996.5.30(雙音字 – 給霞)
- 사랑하는 그대, 나의 강아지가 죽었어 – 새끼손가락에게
  ···1996.11.14(親愛的, 我的小狗死了 – 給小手指)
- 아버지가 가져온 색동옷 – 나의 작은 발에게
  ···1996.12.7(爸爸帶來的花衣裳 – 給小脚丫)
- 절벽 – 아내에게 ···1996.12.15(懸崖 – 給妻子)
- 어린 시절 – 머리를 작게 땋은 샤(霞)에게 ········1996.12.29(童年 – 給扎小辮的小霞)
- 다시 조금 더 가까이 갈 수 있다면 – 26세의 샤(霞)에게
  ···1996.12.30(如果再接近一點點 – 給二十六歲時)
- 문 – 미친 누이에게 ··1997.1.10(門 – 給癲小妹)
- 다시 한 번 신부가 되어 주오 – 나의 신부에게
  ···1996.11.27(再一次作新娘 – 給我的新娘)
- 그렇게 작고 그렇게 차가운 발 – 나의 차갑고 조그만 발에게
  ···1996.12.9(那麼小那麼凉的脚 – 給我的氷凉的小脚趾)

- 나는 그대의 종신죄수 - 샤(霞)에게 ·············1997.1.1(我是你的終身囚徒 - 給霞妹)
- 그대의 폭발로…… - 샤(霞)에게 ·····················1997.1.27(以你的炸裂…… - 給霞)
- 담배와 그대 - 여러 번 금연 선언을 한 아내에게
    ································1997.6.30(烟與你 - 給多次宣布戒烟的妻子)
- 그대는 줄곧 추위에 떨고 - 추위에 떠는 작은 발에게
    ·······································1998.7.14(你一直很冷 - 給氷冷的小脚丫)
- 그대、혼령(亡靈)、실패자 - 나의 아내에게
    ······································ 1998.9.10(你·亡靈·失敗者 - 給我的妻)
- 먼지와 함께 나를 기다린다 - 종일토록 기다리는 아내에게
    ·······································1999.4.9(和灰塵一起等我 - 給終日等待的妻)
- 탐욕스런 죄수 - 박탈당한 아내에게 ·········1999.7.23(貪婪的囚犯 - 給被剝奪的妻子)
- 장난감 인형들에게 호소하다 - 매일 인형과 노는 샤(霞)에게
    ·······································1999.8.31(對玩偶們訴說 - 給每天與玩偶們玩耍的小霞)
- 카미유 클로델이 류샤(劉霞)에게 - 나의 아내에게
    ·······································1997.2(卡米爾·克羅岱爾致劉霞 - 給我的妻子)
- 스비타예바가 류샤에게 - 나의 아내에게
    ·······································1997.2.16(茨維塔耶娃致劉霞 - 給我的妻子)
- 류샤가 마사(瑪莎)에게 - 나의 아내에게 ········ 1999.3.27(劉霞致瑪莎 - 給我的妻子)
- 세계를 찌르는 한 자루의 칼 - 나의 샤(霞)에게
    ·················1997.3.31 노동교양원에서 쓰다(揷進世界的一把刀 - 給我的小霞)
- 시몬 베유와 함께 기다리다 - 누이에게
    ·······································1997.7.16(與薇依一起期待 - 給小妹)
- 반 고흐와 그대 - 샤(霞)에게 ·····················1997.8.14(梵高與你 - 給小霞)
- 에밀리 브론테와 우리 두 사람 - 내가 읽어주는 『폭풍의 언덕』을 듣고 있는 샤(霞)에게
    ·················1998.8.26(艾米莉·勃朗特與我倆 - 給聽我讀 ≪呼嘯山莊≫ 的霞)

- 마르그리트 뒤라스가 류샤(劉霞)에게 - 황색 피부의 남자를 사랑한 적이 있는 백색 피부의 여인이 한 황색 피부의 여인에게 주는 유서-뒤라스에게 푹 빠진 나의 누이에게
  ·····················1997.1. 그대의 눈 큰 고양이(瑪格麗特·杜拉斯致劉霞 - 一個曾經愛過黃皮膚男人的白皮膚老女人給一 - 給我的迷戀杜拉斯的小妹)
- 외할아버지에게(샤오보가 류샤를 모방하여) - 외할아버지를 뵌 적이 없는 샤(霞)에게
  ······································1997.7.7(給外公 : 曉波模擬劉霞 - 給從未見過外公的小霞)
- 왕샤오보(王小波)를 애도하며 - 왕샤오보를 위해 시를 쓴 샤(霞)에게
  ······································1997.7.2(悼王小波 - 給爲王小波寫詩的霞)
- 비트겐슈타인의 초상 - 철학을 모르는 아내에게
  ······································1996.12.16(維特根斯坦肖像 - 給不懂哲學的妻)
- 칸트를 향해 경의를 표하다 - 칸트를 읽은 적이 없는 샤(霞)에게
  ······································1996.12.17(向康德脫帽 - 給沒有讀過康德的小霞)
- 카프카, 내 말 들어봐 - 카프카를 사랑하는 아내에게
  ······································1996.12.18(卡夫卡, 我對你說 - 給酷愛卡夫卡的妻)
- 릴케를 읽으며 - 똑같이 릴케를 좋아하는 샤(霞)에게
  ······································1996.11.9(讀里爾克 - 給同樣喜歡里爾克的霞)
- 보르헤스의 암흑 - 암흑에 미련이 많은 샤(霞)에게
  ······································1996.11.22(博爾赫斯的黑暗 - 給迷戀黑暗的小霞)
- 성 어거스틴에게 - 『참회록』을 좋아하는 샤(霞)에게
  ······································1996.12.26(致聖·奧古斯丁 - 給喜歡≪懺悔錄≫的霞)
- 털보 플라톤 - 플라톤을 이해하지 못하는 샤(霞)에게
  ······································1996.12.28(大胡子柏拉圖 - 給不懂柏拉圖的霞妹)
- 예수를 우러르며 - 나에게 겸손을 주는 아내에게
  ······································1996.12.28(仰視耶穌 - 給我謙卑的妻子)
- 태사공의 염원 - 샤(霞)에게 ······································1996.12.30(太史公的遺願 - 給劉霞)

- 잊을 수 없는 장자 – 나의 장자 이야기를 듣고 있는 샤(霞)에게
  ···1996. 12. 18(忘不了的莊子 – 給聽我講莊子的小霞)
- 밤과 여명 – 샤(霞)에게 ·····················1996. 11. 11(夜晚和黎明 – 給小霞)
- 나를 따르다가…… – 샤(霞)에게 ···············1996. 11. 17(你從我…… – 給小霞)
- 그대 이처럼 연약한 눈빛 – 나의 작은 발 여인에게
  ···1996. 11. 20(你如此脆弱的目光 – 給小脚丫)
- 그대의 자화상 – 나의 새끼손가락에게
  ···1996. 12. 4(你的自畫像 – 給小手指)
- 그대에게 주는 시 – 샤(霞)에게 ···············1996. 12. 8(給你的詩 – 給霞)
- 그대는 나…… – 누이에게 ······················1996. 12. 19(你是我…… – 給小妹)
- 내가 떠날 때 – 잠을 자고 있는 샤(霞)에게
  ···1996. 12. 21(我離去時 – 給睡夢中的霞)
- 햇볕과 찻잔 – 매일 차를 마시는 내 새끼손가락에게
  ···1996. 12. 24(陽光和茶杯 – 給每天喝茶的小手指)
- 쓸쓸한 날 – 샤(霞)에게 ·····················1996. 12. 26(孤寂的日子 – 給霞)
- 연기의 감각 – 담배를 피우고 있는 누이에게
  ···1996. 12. 27(烟的感覺 – 給正在吸烟的小妹)
- 감당 – 고난 속의 아내에게 ·········1996. 12. 28 나의 생일날(承擔 – 給苦難中的妻子)
- 그대 출현하다 – 아내에게 ·········1996. 12. 8 나의 생일날(你出現 – 給妻)
- 먼 곳 – 샤(霞)에게 ·····························1997. 1. 28(遠方 – 給霞)
- 아내에게 ··1997. 1. 31(給妻子)
- 사라진 눈빛 – 작은 눈에게 ···············1997. 5. 20(消逝的目光 – 給小眼睛)
- 회상 – 우리가 함께 한 세월에게 ···············(1) 1997. 5. 25
- 회상 – 우리가 함께 한 세월에게 ···············(2) 1997. 5. 26
- 회상 – 우리가 함께 한 세월에게 ······(3) 1997. 5. 30(回憶 – 給我們共同的歲月)
- 모래 한 줌 – 샤(霞)에게 ·····················1997. 6. 17(一捧沙子 – 給霞)

- 별빛이 바야흐로 살상을 모의하다 - 샤(霞)에게
  ···1997.6.26(星光正在謀殺 - 給小霞)
- 새벽 - 샤(霞)에게 ·····································1997.6.30(早晨 - 給霞)
- 개미 한 마리의 흐느낌 - 작은 발에게 ······1997.7.25(一隻螞蟻的哭泣 - 給小脚丫)
- 참새를 잡는 아이 - 샤(霞)에게 ····················1998.9.10(捕雀的孩子 - 給霞)
- 흉수(凶手) 잠입 - 샤(霞)에게 ·······················1998.9.23(凶手潛入 - 給霞)
- 옥중의 생쥐 - 샤(霞)에게 ····························1999.5.26(獄中的小耗子 - 給小霞)
- 벗어나기를 갈망하다 - 아내에게 ················1999.8.12(渴望逃離 - 給妻)
- 하느님의 손아귀로부터 - 아내에게 ············1999.10.31(從上帝的手中 - 給妻)
- 편지 한 통이면 충분해 - 샤(霞)에게 ··········2000.1.8(一封信就夠了 - 給霞)

【옮긴이의 말】

1.

 이 책의 저자이며 올해(2010년) 노벨평화상 수상자인 류샤오보(劉曉波)는 중국의 유명한 반체제 인사이다. 그는 1989년 컬럼비아대학 방문학자로 미국에서 연구를 수행하다가 톈안문(天安門) 민주화 운동에 참여하기 위하여 급거 귀국하였다. 6·4 당시 톈안문 광장 인민영웅기념탑 앞에 장막을 치고 학생들을 성원하며 중국 당국을 향해 단식으로 민주화 개혁을 요구하였다. 당시 단식 농성에 참가한 류샤오보·저우퉈(周舵)·허우더젠(侯德建)·가오신(高新)을 '톈안문 단식 4군자(天安門絶食四君子)'라고 부른다. 그러나 학생들의 민주화 요구와 류샤오보의 단식 농성은 탱크를 앞세운 중국 당국의 강제 진압에 의해 피의 참극으로 끝나고 말았다. 이후 중국 당국은 6·4 톈안문 사태를 진압하는 과정에서 사망자가 발생하지 않았다고 공식 발표했지만, 당시 시위에 참여하였거나 당국의 진압 과정을 직접 목격한 베이징(北京) 시민들은 수많은 사상자가 발생했음을 증언해주고 있다. 뿐만 아니라 6·4 톈안문 민주화 운동 과정에서 자식과 가족을 잃은 '톈안문 어머니(天安門母親)' 모임의 조사에 의하면 2010년 현재까지 무려 201명의 학생과 시민이 학살당한 것으로 집계되고 있다. 적수공권의 중국의 인민들이 인민을 위해 봉사한다는 인민해방군에 의하여 참살당한 6·4 톈안문 사태는 중화인민공화국 정부의 도덕성을 근본적으로 뒤흔든 사건이었다. 이후 6·4 민주화 운동에 참여한 사람들에 대한 중국 당국의 박해가 끊임없이 계속되면서, 수많은 사람들이 감시·연금·투옥을 당하였고, 또 상당수 6·4 주도자들은 중국을 탈출하여 해외 망명의 길을 떠나게 되었다. 그러나 류샤오보는 오히려 해외에서 중국으로 돌아와 톈안문 민주화 운동에 투신하였고, 6·4 피의 참극 이후에도 중국을 떠나지 않고 학살 진상의 규명과 민주화 실현을 위해 지금까지도 고난의 투쟁을 지속하고 있다. 류샤오보는 이 과정에서 모든 공직을 박탈 당하였으며, 여러 차례의 가택 연금과 3차례의 체포 구금, 5년 여의 감금 생활을 거쳐, 지금은 2008년에 공표한 『08헌장』 주도자로 지목되어 11년의 징역형을 선고받고 랴오닝성(遼寧省) 한 감옥에서 복역중인 것으로 알려지고 있다.

2.

당연한 이야기지만 류샤오보의 투쟁과 문학은 6·4 톈안문 민주화 운동과 한 덩어리를 이루고 있다. 이 책에 실린 류샤오보의 시 85수와 『08헌장』·「나는 적이 없다 - 나의 최후 진술」·「나의 무죄 변론」 등의 글은 모두 6·4투쟁 정신에 입각해 있다. 6·4 투쟁 정신이란 중국의 경제적 개혁·개방 정책 추진에 걸맞게 정치 및 법률 등 사회 모든 부문에서도 민주와 자유의 전면적인 확대를 요구하는 중국 시민의 민의(民意)를 가리킨다. 그러나 우리에게 잘 알려져 있는 바와 같이 1989년 중국의 6·4민주화 운동은 중국 당국의 무자비한 무력 진압으로 수많은 사상자를 낸 채 역사 속으로 잠복하고 말았다. 그 후 지금까지도 중국에서는 6·4와 관련된 담론이 엄격하게 금지되어 왔고, 6·4관련 인사들에 대한 정치적 탄압이 계속되면서, 6·4참극의 진상 규명이나 복권에 대한 논의가 전혀 이루어지지 못하고 있는 실정이다.

류샤오보는 바로 이러한 불의한 현실, 즉 중화인민공화국 건국 이후 중국 당국의 인권 무시 정책으로 천만 명 이상의 사상자가 발생한 모든 인권 재난과 6·4참극에 대해 신랄한 비판의 화살을 쏟아 붓고 있다. 특히 비폭력 6·4 민주화 운동을 무력으로 강제 진압하며 200명이 넘는 무고한 시민을 학살하고도 진상을 왜곡하고 있는 중국 당국에 대해 우리의 상상을 뛰어넘는 분노를 표시하고 있다.

6·4, 무덤
망각에 의해 황량해져가는 무덤

이 광장은, 겉보기엔 아주 완벽하게 아름답다
마오타이와 브랜디와 전복 파티에 의해
의식(儀式)과 보고와 3개 대표이론에 의해
세컨드와 정액과 붉은 손톱에 의해
가짜 담배와 가짜 술과 가짜 학위에 의해
경찰차와 철모와 전기 곤봉에 의해
완벽하게 새로워졌다……
「'6·4', 무덤 - '6·4' 13주년 추모제」

류샤오보의 인식에 의하면 피의 참극 위에 세워진 중국의 고도 경제 성장은 '부패한 자본주의 / 죽음에 직면한 공산주의 / 몰락한 봉건주의'일 뿐이다. 탱크와 총칼로 학살된 인권의 무덤은 찬란한 경제 발전에 의해 장식되고 있지만, 그 내면에서는 아직도 저승으로 떠나지 못한 6·4 원혼들의 핏빛 아우성이 들끓어 오르고 있다. 인민을 위해 존재한다는 인민의 정부가 비무장·비폭력의 인민을 탱크와 총칼로 학살한 행위는 어떤 이유로도 정당화될 수 없으며, 이런 불의와 부도덕을 화려한 현대화로 치장하는 것은 부패한 일당 독재의 끝없는 탐욕을 숨기기 위한 허위와 기만에 지나지 않는다.

이러한 입장에서 류샤오보는 중국 당국이 1970년대 말부터 추진해온 개혁·개방 정책이 인간의 권리를 박탈하고 인성을 부식시키고 인간의 존엄을 파괴해온 재난의 과정이었다고 비판하면서, 자유·평등·인권이라는 인류 공통의 보편 가치에 바탕을 둔 민주·공화·헌정의 현대 정치를 시행할 것을 요구하고 있다.

> 일당 독재의 특권을 없애자는 것은 국민들에게 정권을 돌려주자는 정치 개혁을 요구한 것이고, 최종적으로 '국민이 권리를 가지고[民有], 국민이 다스리며[民治], 국민이 권리를 향유하는 [民享]' 자유 국가를 건설하자는 것입니다.
> 「나의 무죄 변론」

민주와 자유는 우리에게 얼마나 귀에 익은 단어인가? 우리 곁의 수많은 진보와 보수 단체들이 모두 민주와 자유를 운위하고 있다. 민주와 자유는 이미 우리에게 너무나 익숙하고 진부한 가치처럼 보인다. 그러나 우리의 민주와 자유가 과연 우리 귀에 익숙한 만큼 우리 사회의 보편적 가치로 당당하게 내세울 수 있는가? 안타깝게도 최근 들어 민주와 자유의 보편 가치에 역행하는 수많은 현상들이 나타나고 있어 우려의 마음을 금할 수 없다. 류샤오보는 공산주의 일당 독재의 엄혹한 중국 현실에서 바로 이 민주와 자유를 기치로 중국 정치의 근본적인 개혁과 열악한 인권 상황의 개선을 요구하고 있다. 따라서 그에게 있어서 6·4는 바로 민주와 자유를 중국에 실천하기 위한 출발점이었고, 아울러 그 과정에서 희생된 6·4의 원혼들은 민주와 자유의 제단에 바쳐진 고귀한 넋, 즉 민주와 자유를 실천하기 위한 정신적 자산에 다름 아니었던 셈이다. '민주주의는 피를 먹고 자란다'는 말처럼 류샤오보는 중국의 민주와 자유를 위해 순도자(殉道者)의 길을 걷고 있다. 그는 죽음으로 6·4 학살의 진상을 규명할 것을 요구하면서 중국 정부 당국과 불굴의 싸움을 벌이고 있다.

3.

 6·4 피의 참극에 대한 류샤오보의 분노가 그의 시의 출발점이라면, 아내 류샤(劉霞)에 대한 사랑과 미안함은 그의 시의 모든 것이며 종착점이라고 할 수 있다. 6·4 추모시를 제외하고 그가 쓴 모든 시의 제목에는 아내 류샤에게 바치는 작은 제목이 달려 있다. 한마디로 말하자면 류샤오보의 모든 시는 아내 류샤에게 바치는 애정시이다.

> 지금, 나는 감옥에 갇혀 있어
> 그대의 손발을 녹여줄 수 없다
> 그러나, 그대에 관한 기억은
> 모두 빙설(氷雪)과 인연을 맺고 있다……
> 「그대는 줄곧 추위에 떨고 - 추위에 떠는 작은 발에게」

 일찍이 루쉰(魯迅)은 지명수배자로서 살아가는 자신과 아내 쉬광핑(許廣平)의 사랑을 '이말상유(以沫相濡)'라는 말로 비유한 적이 있다. 『장자(莊子)·대종사(大宗師)』편에 나오는 이 말은 매우 처절하고도 슬픈 풍경을 배경으로 하고 있다. 그 가슴 아픈 내용은 이렇다. "샘물이 마르면 물고기들이 땅 위에 서로 함께 놓이게 되는데, 입으로 습기를 서로 불어주고 작은 물거품으로 서로 몸을 적셔준다." 류샤오보와 그의 아내 류샤와의 사랑도 '이말상유(以沫相濡)'라는 성어보다 더 적절한 묘사의 어휘를 찾기가 어렵다. 앞의 「시서(詩序)」에서 저우중링(周忠陵)이 지적한 것처럼 아내 류샤에 대한 류샤오보의 사랑은 너무나 섬세하여 어떤 면에서는 매우 여성스럽기까지 하다.

지금
그대는
하느님의 손아귀에서
꿈을 받길 갈망한다
하나는 초콜렛이 녹아내려
기억의 꿈이 되리라
또 하나는 눈물이 흘러내려
애도의 꿈이 되리라……

「하느님의 손아귀로부터 - 아내에게」

궁극적으로 민주와 자유가 달성된 사회는 어떤 사회일까? 바로 이와 같은 인간다운 정감이 넘쳐나는 사회, 서로가 서로를 믿고 서로가 서로의 자유와 권리를 침해하지 않는 사회, 그리고 아내와 남편과 자식과 가족이 함께 어울려 평범하고 행복한 삶을 영위할 수 있는 사회, 이 이상의 유토피아는 아닐 것이다. 류샤오보가 목숨을 걸고 투쟁하는 이유의 모든 것도 아내와 평범하고 행복한 삶을 영위하기 위한 것인지도 모른다. 그러나 류샤오보는 안일과 굴종으로 자신만의 이기적인 행복을 추구하지 않는다. 오히려 그는 이를 위해 보통 사람들의 행복한 삶을 짓밟은 중국 당국과 목숨을 건 싸움을 수행하고 있다.

헛된 순난(殉難)의 길을 내버리고
나는 그대의 발아래 눕기를 갈망한다
이것은 죽음과 얽혀 있는
유일한 의무이며
또 마음이 맑은 거울 같은 때
오래 지속되는 행복이다……

「벗어나기를 갈망하다 - 아내에게」

시란 얼마나 무력한 것인가? 류샤오보의 시에 드러난 분노와 사랑과 갈망에도 불구하고 저 철옹성 같은 중국 당국은 미동도 하지 않는다. 오히려 중국 당국은 노벨평화상의 철회를 요구하며 류샤오보와 류샤에 대한 탄압을 더욱 강화하고 있다. 그러나 또한 시란 얼마나 위대한 것인가? 류샤오보와 류샤 부부는 서로 사랑의 시를 주고 받으며 그 온기와 열기로 저 철옹성을 녹이려는 무망(無望)의 투쟁을 계속하고 있다. 하지만 그 '무망(無望)'은 '희망 없음'이 아니라 '무가지보(無價之寶)'의 '무(無)' 자처럼 '가없는 희망'을 상징한다고 할 수 있다. 어쩌면 진정한 혁명은 '사랑'이란 말에 다름 아닐지도 모른다.

4.

류샤오보(劉曉波)의 시를 읽는 내내 나의 뇌리에는 1980년 우리나라 광주에서 벌어졌던 대학살 사건(광주민주화운동)의 잔상이 사라지지 않았다. 1980년 광주가 꿈꾸었던 세계와 1989년 베이징이 꿈꾸었던 세계는 같은 것인가? 다른 것인가? 작금의 동아시아 지식인들이 운위하는 이른바 공동체의 꿈은 어떤 모양새인가? 모두 대답하기 쉽지 않은 명제들이지만 21세기 전반부에 류샤오보는 우리에게 새삼 이에 대한 깊은 사색을 요청하고 있다.

이 책에 실리지 않은 류샤오보의 시사 비평 문장들 중 어떤 것은 지나치게 단순화된 논리에 입각해 있다는 혐의를 벗어나기 어렵다. 그러나 불의한 권력에 항거하고 안일한 일상을 타파하기 위한 그의 목숨을 건 투쟁은 이런 사소한 혐의를 상쇄시켜주고도 남음이 있다. 중국과 같은 거대한 권력 구조 앞에서 그 사회의 주류 담론과 전혀 다른 목소리를 낸다는 것은 얼마나 지난한 일인가? 루쉰의 「이와 같은 전사」의 마지막 부분이 류샤오보의 모습과 겹쳐짐은 우연의 일치

일까? 이제 글의 말미에 루쉰의 목소리로 류샤오보를 부르며 그의 치열하고 고단한 정신을 위로하고자 한다.

　이런 곳에서는 아무도 전투의 함성을 듣지 못한다. 태평이다. 태평……
　그러나 그는 투창을 치켜든다!

2010년 12월 10일
불사재(不舍齋)에서
옮긴이 삼가 씀

【지은이 및 옮긴이 소개】

지은이 류샤오보(劉曉波)

중국 지린성(吉林省) 창춘시(長春市) 출생. 지린대학(吉林大學) 중문과 졸업. 베이징사범대학(北京師範大學)에서 문예학 석사·박사 학위 취득. 1989년 6·4 민주화 운동 이후 중국의 반체제 인사로 활동하며, 중국의 민주화와 인권 개선을 위해 목숨을 건 투쟁을 전개함. 세 차례의 투옥과 5년 여의 감금 생활을 함. 2008년 12월 중국의 양심적 지식인 303명과「08헌장(零八憲章)」발표. 2010년 2월 11일 징역 11년형에 처해짐. 2010년 10월 8일 중국의 민주화와 인권 발전에 헌신한 공로를 인정 받아 노벨평화상 수상자로 결정.

옮긴이 김영문

경북 영양 출생. 경북대 중문과 졸업. 서울대 대학원에서 석사·박사 학위 취득. 베이징대학 방문학자. 울산대, 서울대, 경북대, 계명대 등 대학에서 강의. 고려대 민족문화연구소, 경북대 인문과학연구소, 서울대 인문학연구원의 연구원으로 재직. 지금은 대구대와 충주대의 외래교수로 강의와 번역에 종사. 주요 저역서로는「노신의 문학과 사상」(공저), 「인물로 보는 중국현대소설의 이해」(공역), 「루쉰과 저우쭈어런」(공역), 「루쉰, 시를 쓰다」(역) 등이 있고, 이외에도 다수의 논문이 있음

류샤오보(劉曉波) 시선(詩選)
내 사랑 샤에게

초판1쇄 발행 2010년 12월 24일

지 은 이 류샤오보(劉曉波)
옮 긴 이 김영문
펴 낸 이 최종숙
펴 낸 곳 글누림출판사

책임편집 이태곤
편   집 안혜진 임애정 오수경
디 자 인 안혜진
마 케 팅 문택주
관   리 이희만

주   소 서울시 서초구 반포4동 577-25 문창빌딩 2층(137-807)
전   화 02-3409-2055(대표), 2058(영업), 2060(편집)
팩   스 02-3409-2059
홈페이지 http://www.geulnurim.co.kr
전자메일 nurim3888@hanmail.net
등록번호 제303-2005-000038호(2005. 10. 5)

ISBN 978-89-6327-104-0 03820

정가 12,000원

*잘못된 책은 바꿔드립니다.